Anton Wilhelm

Ro

selmu

ller

Gottfried Arnold als Kirchenhistoriker, Mystiker und geistlicher Liederdichter

Ein Beitrag zur Würdigung G. Arnolds

Anton Wilhelm
Ro
..
selmu
..
ller

Gottfried Arnold als Kirchenhistoriker, Mystiker und geistlicher Liederdichter
Ein Beitrag zur Würdigung G. Arnolds

ISBN/EAN: 9783743354692

Hergestellt in Europa, USA, Kanada, Australien, Japan

Cover: Foto ©ninafisch / pixelio.de

Manufactured and distributed by brebook publishing software
(www.brebook.com)

Anton Wilhelm

Ro

selmu

ller

Gottfried Arnold als Kirchenhistoriker, Mystiker und geistlicher

Liederdichter

Einundvierzigster Bericht

über die

Königliche Realschule I. O.

nebst Progymnasium

zu

Annaberg,

womit

zu den Dienstag und Mittwoch, den 1. und 2. April,

stattfindenden

öffentlichen Prüfungen

und

dem Donnerstag, den 3. April, abzuhaltenden Schauturnen

ergebenst einladet

Prof. **Bruno Berlet,** Direktor.

Voranstehend:

Gottfried Arnold als Kirchen-Historiker, Mystiker und geistlicher Liederdichter.

Vom Oberlehrer A. W. Röselmüller.

1884. Progr. Nr. 501.

Annaberg 1884.
Buchdruckerei von C. O. Schreiber.

Gottfried Arnold
geb. in Annaberg 5. Sept. 1666.
gest. in Perleberg 30. Mai 1714.

Gottfried Arnold

als Kirchen-Historiker, Mystiker und geistlicher Liederdichter.

Gottfried Arnold, welcher der Gegenstand vorliegender Abhandlung ist, hat nicht nur zu seiner Zeit, in welcher er von Vielen verkannt, angefeindet und verfolgt wurde, eine allgemeine Aufmerksamkeit weit über die Grenzen der evangelischen Kirche Deutschlands hinaus auf sich gelenkt, sondern auch einen nachhaltigen Einfluss auf die Entwicklung der theologischen Wissenschaft und auf das christliche Leben ausgeübt. Wenn er auch von den gebildeten Christen unserer Tage fast gar nicht gekannt und genannt wird, so hat er doch, vor allem durch seine Verdienste um die Neugestaltung der kirchenhistorischen Wissenschaft, für alle Zeiten sich einen ehrenvollen Platz in der Geschichte der christlichen Theologie gesichert.

Wenn der Verfasser es unternommen hat, über diesen berühmten Annaberger zu schreiben, so hat er dabei nicht die Absicht gehabt, den wertvollen Untersuchungen, welche in den letzten Jahrzehnten von gelehrten Forschern über Gottfried Arnold erschienen sind, eine auf völlig neuen Grundlagen ruhende Darstellung an die Seite zu stellen, sondern nur in einigen Punkten die Forschung über Arnold zu vervollständigen und unter Benutzung einiger kleinerer, selten gefundener und daher noch nicht benutzter Quellen, welche im Anhange dieser Abhandlung mitgeteilt sind, eine Beurteilung dieses Mannes als Kirchenhistorikers, Mystikers und geistlichen Liederdichters zu geben. Hierbei bedauert er lebhaft, dass es ihm nicht gelungen ist, eine wichtige, von den Forschern auch noch nicht benutzte Quelle aufzufinden, welche in den Briefen Arnolds an seinen Freund Joh. G. Klimper zu finden ist. Diese Briefe waren von dem Sohne Klimpers dem Rektor des Chemnitzer Lyceums überlassen und von diesem der dortigen Lyceal-Bibliothek einverleibt worden, welche nach Auflösung jener Schule 1835 an die Stadt überging. Leider sind die genannten Briefe verloren gegangen, auch fehlt jede Spur, aus der man schliessen könnte, wohin sie gekommen sind. Diese zahlreichen Briefe, welche von Wittenberg, Dresden, Quedlinburg, Giessen, Werben und Perleberg aus geschrieben sind, würden ohne Zweifel auf manche dunkle Punkte in der Lebensgeschichte Arnolds Licht werfen und unserem Urteile über ihn einen sicheren Anhalt darbieten können, und dies um so mehr, als der lebhafte Briefwechsel zwischen Arnold und Klimper eine lange Zeit hindurch, vom Jahre 1685 bis 1711, angedauert hat. Einige Proben aus diesem regen brieflichen Verkehr werden uns in dem Chemnitzer Programme mitgeteilt, welches den zweiten Anhang vorliegender Abhandlung bildet. Vielleicht gelingt es doch noch einem Anderen, diese Briefe irgendwo zu entdecken.

1

Der Verfasser will nun nicht eine erschöpfende Darstellung des Lebens und der Bedeutung Arnolds nach allen Seiten seiner Thätigkeit geben; es kommt ihm vielmehr auf eine Charakteristik und Beurteilung Arnolds nach den drei oben genannten Seiten an. Zuvor aber will er in ganz kurzen Zügen gleichsam den kirchlichen Hintergrund der Zeit, in welcher dieser Mann hervortrat, zeichnen, damit Arnold im Rahmen seiner Zeit, im Zusammenhange mit der damaligen kirchlichen Entwicklung und Situation dargestellt und aufgefasst wird; auf diesem Hintergrunde wird er dann, auch in aller Kürze, den Lebensgang Arnolds schildern, um dann zu seinem eigentlichen Thema überzugehen.

Die kirchlichen Richtungen und Bewegungen in der evangelisch-lutherischen Kirche Deutschlands im XVII. Jahrhundert und im Anfange des XVIII. Jahrhunderts.

Man hat das XVII. Jahrhundert nicht mit Unrecht „das Mittelalter der protestantischen Kirche" genannt. Der Protestantismus zeigte in diesem Jahrhundert ein Erstarren in einer neuen Scholastik, so dass eine aus der evangelischen Kirche kaum vertriebene Richtung in ihr wieder zur völligen Herrschaft gelangte. Man nennt diese Zeit auch „das Zeitalter der Rechtgläubigkeit", da das Bekenntnis in der Kirche, im Staate, im Hause, in der Schule, also überall herrschte. Allerdings war, insbesondere in der ersten Hälfte des XVII. Jahrhunderts, wie Tholuck in seinem Cyklus von Schriften über das 17. Jahrhundert mit unglaublichem Fleisse nachgewiesen hat, nicht allenthalben nur traditionelles Wesen und blosses Ceremonienwesen, sondern an verschiedenen Punkten auch Geist und Leben zu finden, und so lässt auch das dogmatische Werk Johann Gerhards, aus den ersten Jahrzehnten des 17. Jahrhunderts stammend, den religiösen Lebenspuls nicht vermissen. Aber je matter die damalige Orthodoxie wurde, je mehr sie in der zweiten Hälfte des Jahrhunderts sich auszuleben begann, um am Ende desselben einer neuen Richtung die Herrschaft abzutreten, desto mehr wurde sie eine tote, starre und verknöcherte. Der Mittelpunkt aller Bestrebungen war die Erhaltung und Ausbildung der reinen Lehre, die man so hoch hielt, dass man, indem man gewaltige und staunenswerte dogmatische Gebäude aufführte und Rechtgläubigkeit allein zu fördern bemüht war, alles andere darüber fast vergass. Die theologische Wissenschaft verfiel immer mehr in einen dürren, verstandesmässigen Orthodoxismus. Es herrschte in der That damals eine lutherische Scholastik, welche der Scholastik des Mittelalters nichts nachgab, und deren Kennzeichen subtile Feinheit und haarspaltende Schärfe der Begriffe und Definitionen und minutiöse Unterscheidungen waren. Das

---

[1] Vgl. Kahnis, der innere Gang des deutschen Protestantismus. 3. Aufl. 1874. — Tholucks Schriften über das XVII. Jahrhundert: 1.) Der Geist der lutherischen Theologen Wittenbergs im 17. Jahrh. 1852. 2.) Das akademische Leben d. 17. Jahrh. 2. Abt. 1853. 3.) Lebenszeugen d. luth. Kirche 1850. 4.) das kirchl. Leben des XVII. Jahrhundert. 2. Abt. 1861. — Göbel, Gesch. d. christl. Lebens in der rheinisch-westfäl. Kirche. 1849 ff.

Bestreben ging dahin, den Lehrbegriff bis in das Kleinste eingehend zu bestimmen, zu systematisieren und polemisch zu verteidigen. Die mündliche und schriftliche Darstellung der reinen Lehre war polemisch und zwar meist leidenschaftlich polemisch, wie bei Calovius in Wittenberg, seltener besonnen polemisch wie bei Quenstedt, dem anderen Hauptvertreter der Orthodoxie Wittenbergs. Auch die Predigt der damaligen Zeit war lehrhaft, verstandesmässig und polemisch; für die wichtigste Aufgabe und das Hauptverdienst des Predigers galt es, den Lehrbegriff polemisch gegen Andersgläubige, insbesondere die Calvinisten, zu verteidigen. Statt auf Erweckung der Sündenerkenntnis und des lebendigen Herzensglaubens auszugehen, statt seelsorgerlich und missionierend thätig zu sein, eiferte man gegen alle möglichen Ketzereien, bewegte man sich in dogmatischen Distinktionen und breitete die Künste einer toten Gelehrsamkeit aus. Unser Gottfried Arnold war es, welcher, nachdem bereits Balthasar Schuppius diese verkehrte Predigtweise angegriffen hatte, die eingebildete Weisheit eitler Schriftgelehrten seiner Zeit in ihrer Schwäche und Blösse gezeigt hat, wenn er sagte[1]: „Hat man auf denen Schulen selbst nichts besseres gesehen und gelernt, als wie man eine Predigt disponiren, etliche Sprüche aus der Bibel nach der Concordanz dareinsetzen, die realia, Histörchen, similia und dergleichen Zeug zusammenflicken, oder alles aus den Postillen schmieren soll, so kann man freilich auch im Amen nichts besseres vorbringen; der Vogel singt alsdann, wie ihm der Schnabel gewachsen ist; und dabei freuet man sich, wenn man die Zeit darf mit Ketzermachen und Lästern zubringen, wohl wissende, dass zur Zeit noch niemand leicht öffentlich widersprechen möge." Nur einzelne Prediger machten eine Ausnahme, wie Joh. Gerhard, der sich auch in seiner Dogmatik von Polemik fernhielt. Wie engherzig aber im allgemeinen damals der Geist der lutherischen Kirche war, dafür ist ein Beweis, dass Kepler viel zu leiden hatte wegen seiner duldsamen Gesinnung gegen die Calvinisten, dass Arndt, der „heiligste Theologe", als Schwärmer verdächtigt wurde. Aber auch in der reformierten Kirche herrschte im XVII. Jahrhundert ein polemischer und scholastisch zugespitzter Dogmatismus. — Je mehr aber damals ein traditioneller und verstandesmässiger Orthodoxismus die Oberhand gewann, um so energischer machte sich eine Gegenbewegung in einer mystisch-pietistischen Richtung geltend, welche, als die protestantische Scholastik am Ende des XVII. Jahrhunderts bereits ihre Kraft verloren hatte, immermehr zur Herrschaft kam und diese Herrschaft fast bis zur Mitte des XVIII. Jahrhunderts behauptete. Diese mystisch-pietistische Richtung setzte das Wesen des Evangeliums nicht in die Lehre und in die Kirche, sondern in das Leben, in die Erneuerung und wahre sittliche Heiligung des Menschen durch den lebendigen Glauben an Christum. Wenn in Luthers genialer und tiefer Persönlichkeit zwei Seiten vereinigt gewesen waren, das Streben nach fester Lehre, und der Zug zur Mystik, so waren nach ihm diese beiden Seiten als Extreme einander gegenübergetreten. Während nun die einen im XVII. Jahrhundert einer spekulativen, theosophischen Mystik sich ergaben, weil der äusserliche Dogmatismus sie unbefriedigt liess, gaben andere innige und fromme Männer, wie Joh. Arndt, Heinrich Müller, Christian Scriver einer praktischpopulären Mystik sich hin, durch welche sie auf das christliche Leben hinwiesen und als feurige Zeugen lebendigen Christentums auftraten. Andere verwandte Männer traten mit reformatorischer Gesinnung und reformatorischem Bestreben der verkehrten Richtung ihrer Zeit durch Wort und That freimütig entgegen; so Johann Valentin Andreä, welcher die Schwächen des kirchlichen Lebens in der lutherischen Kirche mit scharfer Satire geisselte und gesunde Frömmigkeit in ihr wiederherzustellen suchte, während der noch bedeutendere Georg Calixt mit freiem

[1] Kirchen- u. Ketzerhistorie (Schaffhausen 1740) III p. 481 f.

Blicke auf dem Gebiete der Theologie neue Wege ging, indem er die engherzige Polemik zu entfernen und friedfertige Mässigung an ihre Stelle zu setzen bemüht war. Die bedeutendste reformatorische Persönlichkeit des XVII. Jahrhunderts aber war ohne Zweifel Philipp Jacob Spener, welcher die bis dahin vereinzelten Bestrebungen, die auf Neubelebung des innerlichen Christentums und Erneuerung der lutherischen Kirche abzielten, zu einer kräftigen Bewegung zusammenzufassen wusste. Indem er den Mangel lebendigen und thatkräftigen Glaubens als den Hauptschaden der Kirche hinstellte, das Praktische und Erbauliche im Christentum und das einfach Biblische betonte, hat er durch sein treues, unermüdliches und massvolles Wirken auf das praktische Leben in einer Weise eingewirkt, dass ein neuer Strom des Lebens bis in unsere Zeit hinein sich ergossen hat. Die Richtung des Pietismus, dessen Haupt Spener war, „vertrat die natürliche Reaktion eines tief religiösen Bedürfnisses gegenüber der herrschenden Theologie, welche dem hungernden Volke statt des Lebensbrotes des Evangeliums Steine bot[1].“ Ein befreiender und erwärmender Lebenshauch ist von dem Spenerschen Pietismus ausgegangen, welcher auf die ganze Kirche erneuernd eingewirkt hat. Bereits als Spener 1705 starb, war ein neuer und besserer Geist in der lutherischen Kirche zu finden; die Reformgedanken, welche in den pia desideria 1675 von jenem ausgesprochen worden waren, hatten, ohne äusseres Zuthun, durch ihre innere überzeugende Kraft im Leben sich durchgesetzt und eine Besserung der kirchlichen Zustände angebahnt. Eine mächtige Bewegung wurde durch den Pietismus in Deutschland und weit über die Grenzen Deutschlands hinaus hervorgerufen; überall bildeten sich kleine Kreise, welche in der Stille ein Feuer anzündeten. Der Geist Franckes, des zweiten Hauptvertreters der Pietisten, war bis zum Jahre 1740 im Volke, bei den Pfarrern, ja bei Fürsten und Adeligen zu spüren.

Leben in den toten Körper der Kirche zu bringen, war das Streben Speners gewesen; dem Reiche des Lebens gehörten die Siege an, welche der Pietismus erfochten hat; darin besteht die Lichtseite desselben. Aber wir dürfen auch die Schattenseiten nicht verschweigen, welche an dem Pietismus, insbesondere an der zweiten Generation desselben, die in Halle ihren Mittelpunkt hatte, und in der der ursprünglich freiere Geist erlahmte, hervortreten. Auf das neue Leben im Glauben legten die Pietisten ein solches Gewicht, dass die Rechtfertigung durch den Glauben getrübt wurde. Indem sie den Heilsstand des Einzelnen von dem Vorhandensein besonderer Zustände, besonders des Busskampfes, abhängig machten, verloren sie sich in ein enges, methodistisches Wesen. Dieses enge, pedantische, weltflüchtige Wesen zeigt sich auch in ihrer Enthaltung von gewissen weltlichen Dingen, in der Neigung, sich von allen rein menschlichen Dingen zurückzuziehen. Sie haben kein Auge für die Mannigfaltigkeit des menschlichen Lebens; es existiert für sie kein freies, lebensvolles Reich der Humanität; daher verhalten sie sich abweisend oder völlig gleichgiltig zu Staat, Vaterland, Kunst und Wissenschaft. Weiter legen sie auf das Bekenntnis und den wissenschaftlich theologischen Ausbau der Lehre ein geringes Gewicht und verkennen so das Recht und die Notwendigkeit des Bekenntnisses und das Recht der Theologie. Endlich verkennen sie auch das Recht der Ordnungen des kirchlichen Gemeindelebens, wie sie für die grosse Kirche in ihrer geschichtlichen Erscheinung unter den Völkern kein Interesse haben. Der Pietismus hat nur Interesse für die Individuen, für die kleine Herde der Erweckten und Wiedergeborenen, die ecclesiola in ecclesia, an welche schon Spener gedacht hatte, und hat so immer eine Tendenz zum Separatismus, zur Absonderung in Conventikeln. Er nähert sich insofern dem Donatismus, welcher nur Wieder-

[1] Vgl. G. Baur, Homiletik (1848) pg. 55.

geborene als Glieder der sichtbaren Kirche anerkannte und die Wirksamkeit der Gnadenmittel als von der Wiedergeburt der Geistlichen abhängig hinstellte.

In den Streitigkeiten und schweren Kämpfen, welche zwischen den Pietisten und den Orthodoxen am Ende des XVII. und zu Anfang des XVIII. Jahrhunderts ausgefochten wurden, vertraten daher die Pietisten das Recht des Lebens, die Orthodoxen aber, deren würdigster Vorkämpfer Löscher war, das Recht des kirchlichen Objectivismus gegen den Subjectivismus des pietistischen Systems, welcher die Ablösung von der kirchlichen Lehre begünstigte und welcher, consequent durchgeführt, allerdings zum Zerfall der äusseren Kirche führen würde, wie dies an dem Zeitalter des Rationalismus, zu welchem der Pietismus die Brücke bildete, deutlich wird.

Die Schwächen und Einseitigkeiten des Pietismus treten uns in krankhafter Steigerung entgegen in einer Anzahl extravaganter und exaltierter Persönlichkeiten und Richtungen am Ende des XVII. und in den ersten Jahrzehnten des XVIII. Jahrhunderts. Es sind dies die Inspirierten und Separatisten, welche teils vereinzelt auftraten, teils besondere Gemeinden gebildet hatten. Diese Auswüchse und Ausschreitungen, welche man auch als Ultrapietismus bezeichnet hat, waren nicht eine notwendige Weiterentwicklung des Spenerschen Pietismus; es drängten sich aber diese separatistischen Inspirierten, in denen der Subjectivismus, welcher auch den Pietismus kennzeichnet, seine ausgeprägteste Gestalt gefunden hat, an den Pietismus heran und traten mit demselben in Verbindung, indem sie Worte Speners über das Verderben der Kirche und über die Notwendigkeit der Wiedergeburt zur Gliedschaft der sichtbaren Kirche und zur Übernahme eines geistlichen Amtes aufgriffen, übertrieben und missbrauchten. Mit Unrecht wurde also Spener, der selbst die Schwärmerei und völlige Absonderung von der Kirche verworfen hatte, für solche Ausartungen und Verirrungen verantwortlich gemacht. In ihrer Stellung zur Kirche huldigten diese Inspirierten einem ausgeprägten Donatismus, welcher die Sünder aus der sichtbaren Gemeinschaft der Heiligen ausgestossen wissen will, daher auch einem offenen Separatismus, indem sie von der Kirche als einem „abtrünnigen Babel" sich absonderten und dieselbe feindselig bekämpften. In ihrem schwärmerischen Wesen und ihrem Chiliasmus, ihrer Hoffnung auf den nahen Anbruch des 1000jährigen Reiches, waren sie den Montanisten der alten Kirche und den Schwarmgeistern der Reformationszeit verwandt. Die Schwarmgeisterei der Inspirierten wurde noch erhöht durch die Propheten der unterdrückten Camisarden Frankreichs, welche über England, wo sie wenig Anklang gefunden hatten, nach Deutschland kamen und insbesondere in der Wetterau einen günstigen Boden fanden. Es wurden daselbst auch Inspirationsgemeinden gegründet, unter denen die „7 kleinasiatischen Gemeinden" hervorragten. Diese waren den Quäkern verwandt: sie verwarfen die äusseren Ordnungen der Kirche, auch alle menschliche Wissenschaft. In ihren Versammlungen gerieten viele Inspirierte in krankhafte, convulsivische Bewegungen und übten in der Ekstase eine Art Glossolalie. Am meisten ragte unter ihnen an Bedeutung hervor der wandernde Sattlermeister Rock. In ihrer Zahl ist noch Hochmann hervorzuheben, der, von prophetischem Geiste ergriffen, umherzog und als pietistischer Erweckungsprediger alle Hörer fortzureissen wusste, wobei er in seinen Predigten die Separation begünstigte. Eine Vereinigung separatistischer Schwärmer war auch die philadelphische Gesellschaft, welche in England von Johanna Leade, die durch ihre Visionen bekannt ist, gestiftet wurde, deren Anschauungen durch besondere Sendboten in Holland und Deutschland verbreitet wurden. Der Gedanke einer Sammlung aller zerstreut lebenden wiedergeborenen, innerlichen Christen zu einer organisierten philadelphischen Gemeinschaft fand Anklang und Verbreitung durch Petersen. Petersen, welcher zu Frankfurt von Spener mächtig angeregt wurde, war auch ein Hauptvertreter des Chiliasmus, zu welchem schon Spener eine Hinneigung gezeigt hatte, und der Lehre von der Wiederbringung aller Dinge. In seinen Schriften ist Schönes und Erhabenes mit Sonderbarem und Schwärmerischem gemischt. Absonderliche Bahnen wandelte auch Petersons Frau, Johanne Eleonore geb. von Merlau. Beide bewegten sich unter fleissiger Beschäftigung mit der Apokalypse in Visionen, durch welche sie Aufschlüsse über das Jenseits zu erlangen glaubten. Beide traten auch in Verbindung mit der ihnen geistesverwandten Juliane von Asseburg, welche in ähnlichen Offenbarungen über die letzten Dinge lebte. Eine sonderbare Erscheinung unter den Enthusiasten jener Zeit war Gichtel, bei welchem Leichtsinn mit selbstgemachten Erregungen und Entzückungen gemischt war, und durch welchen die „Engelsbrüderschaft" gestiftet wurde, deren Glieder dem Cölibate huldigten. Mit ihm stand auf vertrautem Fusse der abenteuerlichste aller separatistischen Schwärmer, Quirinus Kuhlmann, der sich der sonderbarsten Offenbarungen rühmte, welche er durch Gesichte erlangt zu haben behauptete und der, wegen fanatischer Schwärmerei überall verjagt, schliesslich in Moskau den Feuertod erlitt. In der Reihe der separatistischen Persönlichkeiten mag noch Dippel Erwähnung finden, welcher einer übergreifenden Mystik huldigte und die heftigsten Schmähungen gegen die lutherische Kirche schleuderte. Unseren Gottfried Arnold, mit welchem er in Giessen bekannt wurde, bezeichnete er als den treuen Führer, durch welchen der Herr ihn auf den richtigen Weg gebracht habe. In manchen Kreisen der Inspirierten kam zur Schwärmerei und zum sektiererischen Hochmute noch fleischliche Lüsternheit im Zusammenhange mit unaufhörlichen Nervenerregungen hinzu, wie sich dies bei manchen Rotten in Thüringen und in der Schweiz, vor allem in erschreckender Weise bei der Ellerschen Rotte im Wupperthal zeigte.

Was nun Gottfried Arnolds Richtung anlangt, so stand diese in offenbarem Lebenszusammenhange mit dem Pietismus. Die Lichtseiten, aber auch die oben angegebenen Schattenseiten des Pietismus treten deutlich an ihm hervor. Um pietistischer Anschauungen willen ist er auch, zum Teil mit Recht, zum Teil mit Unrecht, von den damaligen Vertretern der Rechtgläubigkeit heftig bekämpft und angefeindet worden. Mit Inspirierten und Separatisten seiner Zeit, besonders Petersen, Dippel und Gichtel, ist er in Berührung getreten und durch den Umgang mit ihnen eine Zeit lang auf verkehrte Bahnen gekommen, welche er aber wieder verliess, als das Feuer seines Eifers infolge herber Erfahrungen sich gelegt hatte, so dass er zu ruhigerer Betrachtung, zur Besonnenheit und zu gesunden Anschauungen zurückkehrte. Jedenfalls bietet Arnolds Leben eine interessante Illustration zur Geschichte des Pietismus.

Gottfried Arnolds Lebensgang[1].

Gottfried Arnold wurde geboren am 5. September 1666[2] zu Annaberg im sächsischen Erzgebirge, woselbst sein Vater, Gottfried Arnold[3], sechster Lehrer an der lateinischen Stadt-

---

[1] Vgl. die Darstellungen des Lebens Arnolds in „G. Arnolds gedoppeltem Lebenslauf", Leipzig und Gardelegen 1716. — J. Chr. Coleri historia Gothofredi Arnoldi. Vitembergae 1718. — Knapp, Vorrede zur Ausgabe der „ersten Liebe" Stuttgart 1845. — Koch, Gesch. d. Kirchenlieds, I, Band 6. Stuttg. 1869. — Ehmann in der Ausgabe sämtlicher Lieder Arnolds Stuttg. 1856. — Steinmeyer, Evangel. Kirchenzeitung 1865. N. 73. 76. und Piper's Evang. Jahrbuch 1867 p. 166 ff. — Die bedeutendste und eingehendste Darstellung findet sich bei Dibelius, G. Arnolds Leben und Bedeutung für Kirche und Theologie. Berlin 1873.

[2] In einigen Nachschlagewerken ist das Jahr 1665 als Geburtsjahr Arnolds fälschlich angegeben. Nach der Angabe des Annaberger Kirchenbuchs kann kein Zweifel sein, dass Arnold 1666 geboren ist.

[3] Der Vater unseres Gottfried Arnold starb 1695, die Mutter, Marie geb. Lahl, starb bereits 1673. Die drei Geschwister Arnolds waren: Marie Elisabeth, geb. 1668, Anna Sophie, geb. 1671, und Joh. Christoph, geb. 1673.

schule war, an welcher auch dessen Bruder, Simon Arnold, als vierter Lehrer wirkte. Da der Vater in kümmerlichen Verhältnissen lebte, musste Arnold frühzeitig durch Informieren die Mittel zu seinem Unterhalt beschaffen helfen. Im Alter von 16 Jahren, im Jahre 1682, wurde er dem Gymnasium zu Gera übergeben, damit er sich die für das Studium erforderliche Vorbildung aneigne. 1685 bezog er die Universität Wittenberg, um Theologie zu studiren, was er nach seiner inneren Neigung als das einzig für ihn mögliche Studium betrachtete. Die theologische Wissenschaft war damals dort vertreten von Quenstedt, Deutschmann, dem heftigen Gegner der Pietisten, und Walther. Zu den Lehrern der Universität fühlte sich Arnold in keiner Weise hingezogen, weil deren „vulgäre und scholastische Theologie" ihn nicht befriedigen konnte. Aber auch von den Studiengenossen trennte ihn eine tiefe Kluft; da schon damals ein hoher Ernst des Lebens, innige Frömmigkeit, Entschiedenheit und Festigkeit des Charakters ihm eigentümlich war, so wurde er von dem wüsten Treiben der damaligen Studenten abgestossen, so dass er mit denselben nicht verkehrte, sondern ein Stillleben führte und als ein Sonderling galt. Schon damals verkehrte er aber brieflich gern mit Joh. Georg Klimper[1] aus Chemnitz, dessen vertrauter Freund er wurde, und der ihm in dem Ernste und unermüdlichen Eifer, mit welchem er seine Studien betrieb, ähnlich war. Während er nun in den Vorträgen der akademischen Lehrer keine Befriedigung fand, ergab er sich eigenen, besonders historischen Studien, gab mehrere kleine Dissertationen, eine Abhandlung über das erste Märtyrertum und eine deutsche Ausgabe der Briefe des Barnabas und Clemens Romanus heraus, wie er auch bereits 1687 nach der akademischen Sitte der damaligen Zeit de locutione angelorum disputierte. In der Zeit seines vierjährigen Aufenthaltes an der Universität erwarb er sich auch die philosophische Doktorwürde, welche er aber später als eine akademische Thorheit so geringschätzte, dass er den Doktortitel nie seinem Namen beifügte. Durch die eingehenden historischen Studien, welche er machte, fand seine Begabung reiche Entfaltung und wurde der Grund gelegt zu der Bedeutung, welche er als Historiker erlangen sollte. Es zeigte sich aber in Wittenberg auch bereits seine Neigung zur Isolierung und Absonderung wie zu schroffer Einseitigkeit gegenüber den Anschauungen und Bestrebungen anderer. In dem stillen Gottesdienste des Herzens suchte er bereits damals Ersatz für das, was er im öffentlichen Gottesdienste nicht fand. Am Ende seines Studiums war er darüber sich klar, dass er keinesfalls in ein geistliches Amt eintreten wolle, weil die damalige Praxis der Geistlichen mit ihrem Charakter völliger Veräusserlichung ihn abstiess. So war der erste Keim zu seiner späteren völligen Zerfallenheit mit den kirchlichen Zuständen gelegt.

Nachdem Arnold sich in solcher Stimmung und Ratlosigkeit 1688 an Spener gewandt hatte, der von 1686—1691 Oberhofprediger in Dresden war, und durch dessen Schriften Arnold mächtig angeregt worden war, erhielt er auf Speners Empfehlung hin 1689 die Stelle eines Erziehers bei dem Obersten Götz und dann bei dem General von Birckholz in Dresden. Der Einfluss Speners, an den er sich mit ganzer Hingebung anschloss und durch dessen Predigten und biblische Erbauungsstunden er im eigentlichen Sinne erweckt wurde, vermochte ihn doch nicht zu beherrschen, ihn von falschen Bahnen zurückzuhalten und seinen fourigen polemischen Eifer zu dämpfen. Es fehlte ihm die Ruhe und Mässigung, das geduldige Warten

---

[1] Klimper (geb. 14. Mai 1658, † 10. Nov. 1729) war, nachdem er in Wittenberg studiert hatte, als Hauslehrer an verschiedenen Orten, zuletzt in Dresden thätig, dann zu Kleinalbortsdorf drei Jahre und zuletzt in Röhrsdorf bei Chemnitz bis zu seinem Tode als Pastor wirksam, in welcher Stellung er von Gottfried Arnold zum Ausharren in treuer und unerschrockener Erfüllung der ihm auferlegten Pflichten öfters brieflich ermahnt wurde.

auf Besserung, wodurch Spener befähigt war, der Führer einer neuen einflussreichen Richtung zu sein. Wenn Spener mit ausdauerndem Wirken im kleinen Kreise zunächst eine Besserung anzubahnen suchte, indem er hoffte, dass dann auch der ganze Bau der Kirche werde erneuert werden, so bekämpfte Arnold die Kirche schroff und mit Einseitigkeit. Wenn Spener über das Verderben der Kirche klagte und fromme Wünsche aussprach, so forderte Arnold stürmisch den Einsturz Babels und eine schnelle Wandlung der kirchlichen Zustände. Aus dieser Verschiedenheit beider Männer trotz aller geistigen Verwandtschaft ist es auch zu erklären, dass die innige Zuneigung, welche beide erst verbunden hatte, im Laufe der Zeit immer mehr einer Kälte und Entfremdung Platz machte. Als nun Spener Dresden 1691 verlassen hatte und Arnolds leidenschaftlichen Eifer nicht mehr zügeln und niederhalten konnte, wurde Arnold insbesondere seinen Hausgenossen, gegen deren Sünden und weltliches Treiben er heftig auftrat, so unerträglich, dass er 1693 plötzlich den Abschied bekam. In den letzten beiden Jahren seines Aufenthaltes in Dresden hat Arnold mehrfach, wenn auch vergeblich, sich um ein öffentliches Schulamt beworben: so 1692 um das Conrektorat zu Chemnitz, wie aus einem Briefe an Klimper per vom 19. Febr. 1692 hervorgeht, 1693 aber um das Rektorat in Schneeberg, wie ein Brief bestätigt, welchen er im Juni 1693 an denselben Freund schrieb (vgl. Anhang 2).

Durch die Fürsorge Speners, der in Dresden vergeblich in Arnold gedrungen hatte, dass er ein geistliches Amt annehme, erhielt Arnold, nachdem er in Dresden entlassen worden war, 1693 eine ähnliche Stellung in Quedlinburg als Erzieher der Söhne des Stiftshauptmann von Stammer. Die Gefahr aber, ganz einer krankhaften Richtung zu verfallen, war für ihn in Quedlinburg, wo er bis 1697 verblieb, besonders gross. Quedlinburg war damals ein hervorragender Sitz eines mystisch-ultrapietistischen Separatismus und der Schwarmgeisterei. Hier fand Arnold nicht nur Gesinnungsgenossen, durch welche er in seinen Ansichten befestigt wurde, in deren Conventikeln er einigen Ersatz für Speners Predigten und collegia pietatis zu finden schien, sondern auch solche, welche weit über ihn hinausgingen. Diese letzteren würden ihn vielleicht schon damals ganz in ihr Lager herübergezogen und für sich gewonnen haben, wenn nicht eingehende Studien, besonders altkirchlicher Schriften ihn davon abgehalten hätten, sich diesen Schwärmern zu nähern. Die Frucht dieser Studien war das erste grössere und bedeutendere kirchengeschichtliche Werk Arnolds, welches 1696 zu Frankfurt erschien: „Die erste Liebe, d. i. wahre Abbildung der ersten Christen nach ihrem lebendigen Glauben und heiligen Leben"[1]. In dieser Schrift sind die Zustände der ersten Christenheit durchweg idealisiert; das Ideal einer christlichen Gemeinde wird der kirchlichen Gegenwart vor die Augen gestellt. Die erste Christenheit wird in ihrem in der Liebe thätigen Glauben geschildert, nicht sowol mit historischer Treue, als in praktisch-erbaulicher Weise. Eine ausserordentlich günstige Aufnahme wurde diesem Werke zu teil.

Es war ein Glück für Arnold, dass er 1697 einen Ruf als ordentlicher Professor der Geschichte an die Universität Giessen erhielt. Den Landgrafen Ernst Ludwig von Hessen-Darmstadt hatte zu dieser Berufung Arnolds dessen durch seine „erste Liebe" bewiesene wissenschaftliche Tüchtigkeit und die pietistische Richtung desselben, welche der Landgraf in seinem Lande begünstigte, bewogen. Eine grosse Zahl von Schriften schrieb Arnold während der Zeit seines kurzen Aufenthalts in Giessen; ausser kleineren Schriften schrieb er die „Kurzgefasste Kirchen-Historie A. u. N. Testaments" 1697, gab eine deutsche Übersetzung der Homilien des Makarius.

---

[1] Neuere Ausgaben von Lämmert Stuttg. 1844 und von Knapp 1845.

heraus 1697, eine Tabula Historico-Chronologica Universalis 1698, die „Göttlichen Liebesfunken" 1698. So sehr er nun durch gründliche historische Kenntnisse und Lehrtalent geeignet und befähigt war, die ihm übertragene Stellung zu bekleiden, so wenig befriedigte ihn doch die akademische Laufbahn. Einerseits war er zu sehr den Interessen des Reiches Gottes zugewandt, denen er als Professor der Geschichte nicht unmittelbar dienen konnte, andrerseits waren ihm, sofern er Pietist war, die weltlichen Händel gleichgiltig, ja zuwider. Das flotte Leben und die Unsitten der Studenten waren ihm noch ebenso lästig, wie früher in Wittenberg. Auch fehlten ihm Gesinnungsgenossen, bei denen er Verständnis für seine Bestrebungen gefunden hätte und denen er sich hätte erschliessen können. So wurde er bald missmutig, da er sah, dass er nicht an der richtigen Stelle sei und legte plötzlich eigenmächtig, ohne seine Entlassung zu nehmen, im Sommer 1698 seine Professur nieder und kehrte zu seinen Freunden nach Quedlinburg zurück. Er rechtfertigte seine Resignation in demselben Jahre durch eine besondere Schrift: „Offenherziges Bekenntniss von Ablegung seiner Profession". Grosses Aufsehen erregte diese Resignation und die Rechtfertigungsschrift zur Begründung derselben. Mit besonderem Misstrauen verfolgten und beobachteten nun Geistliche und Theologen Arnolds ferneren Wandel.

Während seines zweiten Aufenthaltes in Quedlinburg, 1698—1702, entfaltete Arnold eine ausserordentlich reiche schriftstellerische Thätigkeit, nachdem er im Hause des Hofdiakonus Sprögel, des Hauptes der dortigen Pietisten, freundlich aufgenommen worden war. In diese Zeit fällt die Ausarbeitung des umfassendsten und berühmtesten Werkes, welches ihn zum Verfasser hat, der „unparteiischen Kirchen- und Ketzer-Historie"[1], in welcher er an der orthodoxen Kirche aller Zeiten Mangel an sittlichem Ernst und an Tiefe christlichen Lebens nachzuweisen suchte, die Häretiker aber als Vertreter wahren, innerlichen Christentums hinstellte. Wie aus dem Briefe hervorgeht, welchen er am 6. November 1698 an Klimper schrieb, hat er selbst im voraus gewusst, welche Stürme des Unwillens und Kämpfe er durch dieses Werk heraufbeschwören werde, wie in der That bald nach dem Erscheinen desselben eine wahre Flut von Gegenschriften erschien und zahllose Streiter gegen Arnold hervortraten. Kurz vor seinem Tode hat Arnold selbst einem Freunde versichert, er wünschte, dass er dieses Werk vorsichtiger abgefasst hätte. Während man von allen Seiten um dieser Schrift willen ihn aufs heftigste angriff und verketzerte, schloss er sich inniger, als es früher geschehen war, an die Schwärmer und Separatisten Quedlinburgs an. Wie sie ihn feierten um seiner Kirchenhistorie willen, so verteidigte er wiederum deren Separatismus. Er trat auch mit Gichtel, Dippel, Petersen u. a. in vertrauten Verkehr. So artete in dieser Zeit seine mystisch-pietistische Richtung, welche schon vorher nicht gesund zu nennen war, völlig in einen krankhaften, extremen Mystizismus aus, von welchem sein 1700 erschienenes phantastisches Buch: „Geheimniss der göttlichen Sophia", worin er die Vereinigung mit der himmlischen Sophia pries, Zeugnis ablegt. Aber eben diese Schwärmerei musste die Anklagen gegen Arnold vermehren. Befand er sich doch im Hause des als „Sektierer" bekannten Sprögel; hielt er sich doch fast ganz von dem öffentlichen Gottesdienste und dem Abendmahle fern, und zeigte er doch auch, als das geistliche Ministerium von Quedlinburg und die Äbtissin des Stifts Quedlinburg wider ihn als den Verächter der kirchlichen Ordnungen und Gnadenmittel und den

---

[1] Teil I u. II erschien Frankf. a. M. 1699, III u. IV 1700, dazu Supplemente 1703. Die verbreitetste Ausgabe ist die 2. Frankf. Ausg. 1729. Die beste, weil vollständigste Ausgabe, welche alle Gegenschriften enthält und von verschiedenen, in ihrem Urteil allerdings divergierenden Herausgebern herrührt, erschien Schaffhausen 1740 in 3 Bänden.

Verführer anderer vorzugehen begann, in seiner Verteidigung eine ziemliche Geringschätzung des Kultus der lutherischen Kirche.

Diese schweren Kämpfe, welche er damals zu bestehen hatte, der Hass, von welchem er umgeben war, wie die Bedrängtheit seiner äusseren Lage führten ihn zur Nüchternheit und Besonnenheit, zur Rückkehr von den Irrwegen der Schwärmerei und des Separatismus, liessen eine bedeutsame innere Wandlung in ihm vorgehen. Während er in seinem Buche „von der göttlichen Sophia" im Einverständnisse mit den Gichtelianorn das cheloso Leben als das beste gepriesen hatte und die Weisheit zu seiner Braut erkoren hatte, trat er 1701 in den Ehestand, indem er die Tochter Sprögels, Anna Marie, zur Frau nahm. Während er früher ein geistliches Amt verschmäht hatte, leistete er jetzt dem Rufe zu einem solchen Folge, indem er 1702 als Schlossprediger der verwittweten Herzogin von Sachsen-Eisenach in Allstedt in den Dienst der Kirche trat, welche Stellung er bis 1705 treu und mit reichem Segen verwaltete. So hat sich an ihm selbst bestätigt, was er in einem seiner schönster Lieder ausgesprochen hat:

Das Widerspiel legt sich vor Augen dar
Von dem, was du in deinem Sinne hast
Wer meint, er hab' den Vorsatz recht erfasst,
Der wird am End' ein andres oft gewahr.

Aber der äussere Friede sollte ihm in Allstedt noch nicht zu teil werden. Der Hass der Geistlichkeit und das Misstrauen gegen ihn konnten nicht so schnell sich verlieren. Trotz hoher Verwendungen und Fürsprachen, besonders des Königs von Preussen, der Arnold 1702 zum Kgl. Preuss. Historiographen ernannte, wollte der Herzog diesen nicht im Lande dulden, weil er die eidliche Verpflichtung auf die Konkordienformel ablehnte. Gezwungen, die sächsischen Lande zu verlassen, fand er eine Zuflucht in Preussen, nachdem vom Könige von Preussen ihm 1704 das Inspektorat zu Werben in der Altmark angeboten worden war, welches er zugleich mit der dortigen Oberpfarrerstelle, die der Magistrat ihm übertrug, 1705 antrat, als Nachfolger des von Quedlinburg dorthin versetzten und dort verstorbenen Sprögel. Damit begann die Zeit äusserer Ruhe für Arnold. 1707 wurde er auf den Wunsch der Bürgerschaft und des Rats von Perleberg hin als Pfarrer und geistlicher Inspektor nach Perleberg berufen, wo er, wie in Werben, durch treue pastorale und seelsorgerliche Thätigkeit und umsichtige Leitung von Kirche und Schule das Reich Gottes zu fördern bemüht war. Während dieser Zeit war er auch litterarisch eifrig auf dem Gebiete der praktischen Theologie thätig und übte als fruchtbarer asketischer Schriftsteller auf seine Zeit einen nicht geringen Einfluss aus. Er gab Predigten heraus: 1704 die „Verklärung Jesu Christi in der Seele", über die Episteln, 1706 die „Evangel. Botschaft der Herrlichkeit Gottes in Christo Jesu", über die Evangelien. Eine Art Pastorallehre gab er in der „geistlichen Gestalt eines evangel. Lehrers" 1704 heraus. Unter den Erbauungsschriften ragt hervor die „wahre Abbildung des inwendigen Christentums" 1709.

Die Kämpfe und äusseren Anfechtungen, welche er bestanden hatte, die eifrige und unausgesetzte literarische Thätigkeit, in welcher er seine Kraft aufrieb und verzehrte, waren die Ursachen seines frühen Todes. Der jähe Tod seiner beiden Kinder hat ihn auch tief gebeugt. Im Jahre 1713 wurde er von einer Krankheit befallen, deren Folgen noch nicht völlig überwunden waren, als im Jahre 1714 eine heftige Erregung und Alteration ihm den Todesstoss gab. Es war am Pfingstfeste (20. Mai), als während des Abendmahls preussische Werber in die Kirche eindrangen und einige Jünglinge vom Altar wegrissen, um sie zum Kriegsdienst zu zwingen. Diese Entweihung des Heiligtums alterierte ihn in dem Grade, dass er, da er am nächsten Tage in der Kirche eine Leichenpredigt zu halten wagte, krank nach Hause gebracht wurde. Er verfiel in ein heftiges Fieber und starb am 30. Mai im 48. Jahre eines schönen und erbaulichen Todes. In den letzten Tagen ermahnte er öfters die, welche ihm nahestanden, zu rechtem Eindringen in Gott, zu rechter Verleugnung der Welt und rechter Liebe zu Gott. Im vollen Seelenfrieden schied er; liebliche Bilder umgaukelten zuletzt seine Phantasie. „Ach, wie schön, wie wohl, ach wie wohl ist mir“, sagte er. Dann richtete er sich auf und sprach mit lauter Stimme: „Frisch auf, frisch auf! Die Wagen her und fort!“ Alsdann verschied er sanft. Wie er die höchste Achtung und Verehrung in seiner Gemeinde genoss, so wurde er von dieser auch tief betrauert.

Er war ein Mann von reichem Geist und Gemüt, trotz mannichfacher Verirrungen ein treuer evangelischer Christ, von Liebe zu Christo und zum Ernste der Heiligung durchdrungen. Seiner Fehler und Schwächen ist er sich deutlich bewusst gewesen und war den Freunden, welche diese Mängel ihm vorhielten, allezeit dankbar. Seine Gegner haben ihn noch nach seinem Tode in gehässiger Weise geschmäht; wahr aber ist, was seine Freunde auf sein Grabmal, welches jetzt nicht mehr zu finden ist, geschrieben haben: „Er war ein treuer Knecht Jesu Christi, dessen Evangelium er durch Wort und Schrift verbreitete, ein Liebhaber des Nächsten, in dessen Dienste er sich gänzlich opferte, und ein Mitgenosse der Leiden, die in Christo Jesu sind.“

Gottfried Arnold als Kirchenhistoriker[1].

Es ist ohne Zweifel eine der grössten und schwierigsten Aufgaben, den Entwicklungsgang der Kirche Christi auf Erden zu erforschen und darzustellen, gleichsam das göttliche Epos der Kirchengeschichte nachzudenken und denkend zu verstehen, eine Aufgabe, deren Lösung die theologische Wissenschaft nur langsam und allmählich näher geführt werden konnte.

Die kirchengeschichtliche Forschung und Darstellung ist an die Gesetze historischer Forschung und Darstellung gebunden. Der Kirchenhistoriker hat daher das Gesamtleben der Kirche zunächst objektiv darzustellen, d. h. er hat nach Gewinnung des Stoffs durch Zurückgehen auf die letzten Quellen und unter kritischer Sichtung derselben, die Thatsachen unparteiisch, ohne Voreingenommenheit und ohne Tendenz, sine ira et studio, so darzustellen, wie sie liegen. Sodann muss die Darstellung pragmatisch sein, d. h. sie muss den ursächlichen Zusammenhang der Vorgänge zu entdecken und die in ihnen sich verwirklichende Idee, den Zweck der Vorgänge zu erkennen suchen. Damit hängt endlich die dritte Aufgabe zusammen, welcher der Kirchenhistoriker gerecht werden muss. Er muss über die Schranken seines kirchlichen Standpunktes sich erheben und einen höheren Standpunkt einnehmen können, von dem aus er allein das allem Wandel der geschichtlichen Entwicklung zu Grunde liegende Wesen der Kirche verstehen kann, er muss im Geiste der allgemeinen christlichen Kirche die Geschichte der Kirche darstellen.

[1] Chr. Baur: die Epochen der kirchlichen Geschichtsschreibung. Tübingen 1852. — Dibelius a. a. O. pg. 203 ff. — Flöring, G. Arnold als Kirchenhistoriker. Darmstadt 1883, vgl. die Recension von Weizsäcker in der theol. Litteraturzeitung 1883 Nr. 25.

2*

Werfen wir nun einen kurzen Blick auf die Kirchengeschichte v o r Gottfried Arnold, damit wir dann sein Verdienst um so besser zu würdigen im Stande sind. Freie Forschung war die Losung, welche die Reformatoren ausgaben; so ist freie, unbefangene Kritik erst eine Errungenschaft der Reformation. Aber wie alle neuen Ideen nicht sofort mit ihrem Hervorbrechen die Herrschaft antreten, sondern erst allmählich erstarken, um alle mit sich fortzureissen, so war es auch mit dem Gedanken unbefangener Kritik und vorurteilsfreier Prüfung bei der kirchengeschichtlichen Forschung. Die Darstellung der Kirchengeschichte in den Magdeburger Centurien des Matthias Flacius und seiner Freunde, dem ersten grossen protestantischen Geschichtswerke, mit welchem von römischer Seite Caesar Baronius mit seinen Annales ecclesiastici wetteiferte, war noch eine tendenziöse wie bei den Gegnern; es war mehr eine antikatholische, als eine evangelische Geschichtsschreibung, da sie aus polemischem Interesse hervorging und der Polemik gegen Rom diente.

Von Römischen, wie von Lutheranern und Reformierten war im XVI. Jahrhundert die Kirchengeschichte in ein Rüsthaus der Polemik verwandelt worden. So konnte und durfte es nicht bleiben. Im XVII. Jahrhundert aber war von Kirchengeschichte in der protestantischen Kirche wenig die Rede; das kirchenhistorische Studium war in Deutschland fast ganz erloschen. Die Zeit hing mit solcher Einseitigkeit an dem Gewordenen, Traditionellen, dass sie wenig Sinn für die geschichtliche Entwicklung hatte. Nur einzelne freiere Persönlichkeiten, wie Valentin Andreae, und freiere Richtungen, wie die der Universität Helmstädt, waren der Kirchengeschichte günstig. G. Calixt war es, welcher, gegenüber engherziger Polemik, den Sinn für ächte Katholizität weckte.

Am Ende des XVII. Jahrhunderts hat das Geistesleben, welches im Jahrhundert Ludwigs XIV. von Frankreich ausging, dem Katholizismus bedeutende Geistesimpulse gegeben, und diese Verbindung des Katholizismus mit der französischen Geistesbildung kam insbesondere der Kirchengeschichte zu gute. Gründliche Gelehrte der gallikanischen Kirche waren es denn auch, welche damals auch ihrerseits von einem freieren und weiteren Gesichtspunkte aus die Kirchengeschichte dem konfessionellen Parteigeiste zu entreissen und den Gesetzen historischer Forschung auch für die Kirchengeschichte Anerkennung zu verschaffen suchten. Die Mönche der Kongregation des heiligen Maurus bemühten sich um die Herausgabe, Erklärung und Verarbeitung der Quellen; der Jansenist Tillemout suchte mit gewissenhaftem Fleisse das Gesetz historischer Objektivität zu wahren; Fleury betonte die Notwendigkeit pragmatischer und künstlerischer Darstellung; Bossuet endlich suchte die Kirchengeschichte zugleich im Geiste der Kirche unter dem Gesichtspunkte des sich verwirklichenden göttlichen Ratschlusses darzustellen. Was die gallikanische Kirche hier geleistet hat, wird — wie Kahnis[1] sagt — nie vergessen werden, so lange es eine Theologie giebt.

Während aber diese freie Behandlung, welche die Geschichte der Kirche in der gallikanischen Kirche gefunden hatte, für die katholische Kirche eine vorübergehende war und eine Fortsetzung nicht erfuhr, hat an der Wende des XVII. und XVIII. Jahrhunderts Gottfried Arnold der evangelischen Kirchengeschichtsschreibung den weiten Gesichtspunkt und freien evangelischen Standpunkt der Beurteilung gegeben, den sie seitdem nicht wieder verlassen hat, so dass Arnold in der That bahnbrechend und epochemachend als Kirchenhistoriker gewesen ist.

Vom Standpunkte des Pietismus ausgehend, hat Gottfried Arnold eine neue Bahn gebrochen. Der Spenersche Pietismus, sagt Baur[2], an dessen lebendigerem Christentum die Starr-

---

[1] Innerer Gang des deutschen Protestantismus (Leipz. 1874.) I pg. 176 f. — [2] a. a. O. pg. 85.

heit der alten Dogmatik sich brach, um einer freieren, auf den inneren Mittelpunkt des religiösen Lebens zurückgehenden Form des dogmatischen Bewusstseins Platz zu machen, war auch kräftig genug, auf dem Felde der Kirchengeschichte ein neues, originelles Werk hervorzurufen.

Unter den hier in Betracht kommenden Schriften Arnolds sind zu nennen: Erste Liebe zu Christo oder Wahre Abbildung der ersten Christen nach ihrem Glauben und Leben 1696; Das Leben der Gläubigen 1701; vor allem aber das Hauptwerk Arnolds: Unparteiische Kirchen- und Ketzer-Historie 1699 und 1700.

Entsprechend dem Grundsatze des Pietismus, beurteilte Arnold die Kirche aller Zeiten nach dem Grundsatze, dass das wahre Christentum nicht in der Lehre, sondern im neuen Leben ruhe. Das Leben der ersten Gläubigen, ein Leben in Glauben, Liebe und Opferfreudigkeit, war es, wodurch die erste Kirche weithin leuchtete, worin ihre Kraft und das Geheimnis ihrer schnellen Ausbreitung lag. Seitdem aber die Kirche mit dem Staate in enge Beziehung und Verbindung trat und eine bestimmte äusserliche Verfassung sich gab, in der sie erstarrte, seitdem sie feste, auf Synoden formulierte Lehren aufzustellen, Häretiker aber zu verdammen und zu verfolgen anfing, ist sie entstellt und verunstaltet worden, hat sie von ihrer ursprünglichen Gestalt mehr und mehr sich entfernt und ist so in Verfall geraten. Auch Luther hat nach Arnolds Ansicht wol innerlich begonnen, äusserlich aber geendet. Wenn Luther im letzten Zeitraume seines Wirkens ein Streben nach festen Formen, insbesondere der Lehre, zeigte, wenn er mit Schärfe und Entschiedenheit an den Lehren, welche nach seiner Überzeugung in der Schrift begründet waren, festhielt, so sah Arnold, wie viele nach ihm zu dieser Ansicht hinneigten, darin einen Abfall von der Innerlichkeit, Freiheit und Weite, welche der grosse Reformator im Zeitraume seines Suchens und Werdens an sich trug, wobei Arnold freilich nicht bedachte, dass ohne eine feste Grundlage und einen festen Halt in Lehre und Leben der Protestantismus zerfallen wäre. Zu allen Zeiten aber hat nach Arnolds Urteil die wahre Kirche nur da bestanden, wo das Leben, welches die Frucht des Glaubens ist, nicht aber die Lehre im Vordergrunde stand. Ist dieses christliche Leben doch in der That eine schöne Seite der Kirche, auf welche den Blick gelenkt zu haben das Verdienst der Richtung ist, die seit dem Ende des 30jährigen Krieges das Recht des Lebens geltend machte, so dass seitdem das neue Leben im Glauben, welches sich die Gestalt christlicher Sitte giebt, ein Hauptgegenstand der Darstellung der Kirchengeschichte geworden ist. So hat Gottfried Arnold der Kirchengeschichte die Herrlichkeit christlichen Lebens vorgehalten und damit zugleich im Gegensatze zu dem katholischen Prinzip: ubi ecclesia, ibi Spiritus Sanctus das wahre evangelische Prinzip: ubi Spiritus Sanctus, ibi ecclesia zur vollen Geltung gebracht.

Damit hängt weiter zusammen seine Anschauung über die Orthodoxie. In seiner unparteiischen Kirchen- und Ketzerhistorie suchte er nachzuweisen, dass es der Rechtgläubigkeit in der Kirche zu allen Zeiten an sittlichem Ernst und an Tiefe des Lebens gefehlt habe. Ebendeshalb suchte er, der in noch höherem Grade Mystiker als Pietist war, die Mystiker aller Zeiten ins hellste Licht zu stellen. Ihm galten die Mystiker als das eigentliche Salz der Kirche; sie waren ihm diejenigen, bei denen allein wahres, innerliches Christentum und der Ernst des Strebens nach Heiligung zu finden gewesen ist. Er betonte also die Bedeutung der mystischen Richtungen aller Perioden der Kirche.

Gottfried Arnold war es, welcher — was vor allem bedeutungsvoll — der kirchenhistorischen Wissenschaft die Notwendigkeit freier, unbefangener Forschung vorhielt, einen Grund-

satz, der, obgleich er von Anfang an im Prinzipe des Protestantismus lag, doch erst durch
Arnold in der Kirchengeschichte zu vollständiger Geltung gebracht worden ist, wenn es diesem
selbst auch, wie wir sehen werden, noch nicht gelungen ist, eine vorurteilsfreie Darstellung der
Geschichte der Kirche zu liefern. Arnold aber hat zuerst für eine liberale Auffassung der Sekten und
Ketzer Bahn gebrochen. Während in der Kirchengeschichtsschreibung vor Arnold die Sekten,
als von der Kirche verurteilt, von der kirchengeschichtlichen Darstellung ausgeschlossen waren,
hat dieser die Geschichte der Ketzer in die Kirchengeschichte als integrierenden Teil derselben
aufgenommen, weshalb er auch sein grosses Werk betitelte: unparteiische Kirchen- und
Ketzergeschichte. Waren doch in den Zeiten der grössten Verdunkelung und des tiefsten Ver-
falls der Kirche im Mittelalter die protestantischen Sekten fast allein Herde christlichen Lebens
und Strebens. Arnold geht soweit, dass nach ihm der Schwerpunkt der kirchlichen Entwicklung nicht in der allgemeinen (katholischen) Kirche, sondern in den Sekten liegt. Während
vor Arnold jeder Ketzer nicht nur nach seiner Lehre als verwerflich und gefährlich hingestellt,
sondern auch seine Person und sein Leben als ruchlos geschildert worden war, so dass, wie
Arnold[1] sagt, kein Ketzer das Glück gehabt hat, mit Lügen verschont zu bleiben, ist seit Arnold
das Urteil über die Ketzer in der evangelischen Kirchengeschichte ein milderes. Verurteilen
wir doch die Person und das Leben eines Häretikers nicht deshalb, weil seine Lehre zu ver-
werfen ist. Sind doch auch die Ketzereien und die daraus entstandenen Glaubenskämpfe, wenn
sie auch auf der einen Seite unheilvoll gewesen sind, auf der anderen Seite ein Beweis für die
lebensvolle Kraft des Evangeliums, welches der Bewegung der Geister den freiesten Spielraum
zur Übung ihrer Kräfte gewährt, damit auf diesem Wege die christliche Wahrheit durch ihr
eigenes Licht und ihre eigene Kraft dem freien Geiste sich erweisen könne.

Gottfried Arnold betonte auch die erbauliche Seite des Stoffs, nach der sie zugleich
eine praktische schola pietatis sein soll und nicht blos wissenschaftlichen Zwecken dient. In
der That hat die Kirchengeschichte eine solche erbauliche Seite. Infolge der pessimistischen Auffassung der kirchlichen Entwicklung von Seiten Arnolds ist aber ein Gesichtspunkt, welcher
vor allem hierbei in Betracht kommt, nicht zu seinen Rechte gekommen, dass die Betrachtung
des Verlaufs der Kirchengeschichte mit der Gewissheit uns erfüllt, dass über allem Wandel der
Zeiten das ewige Evangelium steht, dessen Licht aus allen Verdunkelungen siegreich hervor-
bricht, dass die Geschichte der Kirche die Siegesgeschichte der Kirche ist. Da die Geschichte
der Kirche zeigt, dass unter allem Verderben doch der heilige Geist als der Geist der Reformation
immer aufs neue wirksam ist, so giebt uns — wie Martensen[2] so schön sagt - die tröstliche Zu-
versicht, dass, obschon zu Zeiten der Herr die Menschen ihre eigenen Wege gehen liess, er
doch niemals seinem Worte untreu geworden ist: „Ich will meine Kirche bauen", dass die verschiedenen Perioden der Kirche unter der Leitung des Herrn der Kirche stehen, dass trotz
allem, was Menschen verbaut oder versäumt haben, und obgleich er seinen Leuchter von dieser
oder jenen einzelnen Gemeinde hinweggerückt hat, dennoch sein Werk, sein Kirchenbau in
stetigem Fortschreiten begriffen ist, und dass der Plan, welchen der Herr mit seiner Kirche
hat, ohne und wider den Menschen Willen, jedenfalls realisiert wird.

Noch nach einer anderen Seite ist das Hauptwerk Gottfried Arnolds von nicht zu unter-
schätzender Bedeutung. Er war der Erste, welcher eine Kirchengeschichte in deutscher
Sprache schrieb. Neben Arnold war es sein Zeitgenosse Thomasius, welcher, indem er in seinen Vorlesungen deutsch vortrug, mit ihm das Verdienst teilt, die deutsche Sprache in die Ge-

[1] K.- u. K.-Hist. I, V, 5. 15 (p. 262). — [2] Christl. Ethik II, 2 pg. 377 f.

lehrtenwelt eingeführt zu haben. Wenn wir bedenken, dass Spener selbst und die Mehrzahl der damaligen Prediger aus dem Studium der sämtlich in lateinischer Sprache geschriebenen wissenschaftlichen Werke einen unreinen, holperigen deutschen Stil mitbrachten[1], so müssen wir sagen, dass das umfassende kirchengeschichtliche Werk der Kirchen- und Ketzer-Historie in einem verhältnismässig reinen und guten Deutsch geschrieben ist.

Was nun die Beurteilung der Kirchen- und Ketzer-Historie Arnolds durch die Zeitgenossen desselben anlangt, so liessen die entgegengesetztesten Urteile sich vernehmen. Für Arnold traten insbesondere Volkmeier und der Ultrapietist Petersen auf. Niemand aber war über die Kirchengeschichte Arnolds mehr entzückt, als Thomasius, der Vorläufer der Aufklärung. Was diesen zu der Kirchen- und Ketzer-Historie Arnolds hinzog, war nicht das mystische Element derselben, obwol auch er einen gewissen Zug zur Mystik hatte, sondern die Opposition gegen den traditionellen Orthodoxismus, wie diese auch allein die Koalition des Thomasius mit den Pietisten zu Stande gebracht hat. Andrerseits rief das grosse kirchenhistorische Werk Arnolds einen wahren Sturm des Unwillens in der theologischen Welt hervor, dessen tiefster Grund war, dass Arnold die Kirche aller Zeiten von dem pietistischen Grundsatze aus beurteilt hatte, dass das wahre Christentum im Leben, nicht in der Lehre beruhe. Unter den zahlreichen Widerlegungsschriften waren die bedeutendsten die Gegenschriften Cyprians, Professors der Philosophie an der Universität Helmstädt, Tobias Pfanners, sächsischen Hofrats zu Gotha, und Georg Grosches, Pfarrers zu Friedrichsroda. Zur Ergänzung und Vervollständigung dessen, was über die Beurteilung Arnolds in den grösseren Biographien, insbesondere in dem Werke von Dibelius, zu lesen ist, mögen hier nur die Urteile Erwähnung finden, welche in Götzes „Sendschreiben an seinen Sohn von Annaberger Liederfreunden"[2] zusammengestellt sind. Götze erwähnt das Gutachten, welches in der Vorrede zu der Gegenschrift des M. Andr. David Carolus, Sup. zu Kirchheim in Würtemberg (Ulm 1708) sich findet und darin gipfelt, dass nichts, was gehässige Skribenten erzählt haben, wie bös es auch sei, so viel schaden könne als Gottfried Arnolds Kirchen- und Ketzer-Historie, die alte und neue Sekten und Ketzereien ohne Unterschied mit grosser Kunst vorteidige und zu dem Ende die Orthodoxen ganz greulich beschreibe. Weiter verweist Götze ausführlich auf das Urteil des gothaischen Oberhofpredigers Joh. Heinr. Feustking in der Vorrede zu G. Schimmers „vollständiger Erklärung der Klagelieder Jeremiä" (1708). Dieser äusserte sich dahin, Arnold habe das thätige Christentum nur im Munde und in der Feder geführt. Das Hauptwerk desselben nennt er eine „monströse Geburt", welche die Frucht der gefährlichen Vorurteile dieses Mannes sei. Das Absehen Arnolds sei darauf gerichtet, dass man einen jeden glauben lassen solle, was er wolle. Gottes Wort sei ihm keine Regel des Christentums; daher verspotte er die reine Lehre, betrachte die symbolischen Bücher als Greuel der Verwüstung, die Religionsstreitigkeiten ohne Unterschied als nichtswürdige Händel; die Verfassung der Kirche stelle er so abenteuerlich dar, dass er dadurch jeden verleite sich abzusondern, an keine Bekenntnis zu binden und nur ein sittenreines Leben zu führen. Feustking nennt ihn den ungeratenen Sohn Absalom der evangelisch-lutherischen Kirche, der diese ohne Beweis beschuldige und verleumde. Endlich erinnert Götze noch an eine Schrift des Johann Heinrich von Seelen (1718): vindiciae librorum symbolicorum adversus Godofredum Arnoldum affirmare ausum, honorem Deo eiusque verbo per symbola esse ereptum. — Götze selbst ermahnt in diesem Sendschreiben seinen Sohn, sich von dieser haereticissima haeresiologia als einem seelenverderblichen Gifte zu hüten. Arnold stelle

---

[1] G. Baur, Grundzüge der Homiletik pg. 57. — [2] pg. 5—11 der genannten Schrift Götzes.

sich zwar in diesem Werke, in welchem mehr auf die Liebe als auf den Glauben gesehen werde, als wolle er dem gefallenen Christentum aufhelfen; aber er gleisse nur schön von aussen. Das beste sei, die Schriften dieses Mannes ganz ungelesen zu lassen, da darin die Rechtgläubigkeit verspottet, der Indifferentismus und Separatismus angeraten werde. Zwar habe Arnolds Kollege in Perleberg, Joh. Crusius in einer besonderen Schrift 1719 die unbilligen Beurteiler umzustimmen versucht, aber die Untugenden des Mannes seien den Lesern nur um so tiefer eingeprägt worden. —

Fragen wir uns nun selbst, in welchem Masse Gottfried Arnold als Kirchenhistoriker den drei oben bezeichneten Forderungen, welche die Kirchengeschichtsschreibung erfüllen muss, gerecht geworden ist, so werden wir allerdings finden, dass er diesen noch nicht genügt hat. Was das Gesetz der Objektivität anlangt, so ist er allerdings auf die Quellen, auf die Schriften der jedesmaligen Zeitgenossen zurückgegangen. Er beurteilt auch die Ketzer nach ihren eigenen Schriften, um ihnen Gerechtigkeit widerfahren zu lassen und ein billiges Urteil über sie fällen zu können. Infolge dieses beständigen Zurückgehens auf die Quellen sind wir von vielen wertvollen Urkunden durch ihn in Kenntnis gesetzt. Aber es fehlt noch die kritische Sichtung der Quellen, da Arnold viele von denen, auf welche er sich beruft, selbst nicht in den Händen gehabt haben kann; auch mangelt es öfters an der Richtigkeit und Genauigkeit der Citierung. Der Hauptwert des grossen Werkes der Kirchen- und Ketzer-Historie kann also nicht in dem reichen, angehäuften geschichtlichen Quellenmaterial zu suchen sein. Wenn aber die Objektivität weiter fordert, dass die Thatsachen ohne Parteigeist, ohne Voreingenommenheit in Liebe und Hass, unparteiisch, wie Arnold dies auch zu thun sich vorgenommen hatte, dargestellt werden, so besteht die Unparteilichkeit der Kirchen- und Ketzerhistorie darin, dass sie die Rechtgläubigen in Schatten, dagegen auf Kosten der Orthodoxen die Häretiker ins Licht zu stellen sucht. So ist Arnold bei dem Bestreben, das eine Extrem zu vermeiden, dem anderen verfallen; indem er gegen die Ketzer gerecht zu sein und ihre Berechtigung durch den Verfall der Kirche nachzuweisen bestrebt war, ist er gegen die rechtgläubige Kirche ungerecht geworden. Je mehr er Gutes, wahrhaft Christliches an den Ketzern herauszufinden bemüht war, desto mehr Verwerfliches fand er an den Orthodoxen, desto mehr übersah er die Schattenseiten derer, welche er in einem günstigen Lichte darzustellen suchte, so dass an ihm das Wort wahr geworden ist: incidit in Scyllam, qui vult vitare Charybdim. Die Darstellung leidet an einem grossen Subjektivismus, insofern Arnold die Kirchengeschichte aller Zeiten im Reflexe seiner Zeit, im Reflexe der kirchlichen Zustände und Kämpfe in der zweiten Hälfte des XVII. Jahrhunderts anschaute und zu der allgemeinen Ansicht gelangt war, welche er in den Worten ausgesprochen hat: „Es sind andere Personen und doch einerlei Aufzüge"[1]. Da zu seiner Zeit die Pietisten von den Orthodoxen bekämpft und verketzert wurden, so schloss er daraus auf die früheren Zeiten zurück und liess sich von dem Vorurteile leiten, die Ketzer seien zu allen Zeiten nur um ihres Protestes gegen die Hervorhebung der Lehre, gegen formulierte Lehrsatzungen willen trotz ihres ächten evangelischen Lebens von der orthodoxen Kirche verfolgt und ausgestossen worden.

Damit ist zugleich gesagt, dass das Gesetz des Pragmatismus bei Gottfried Arnolds Darstellung noch nicht in genügender Weise zur Geltung gekommen ist, indem dieser an die Stelle des Geistes der verschiedenen Zeiten oft nur den Geist seiner eigenen Zeit, an die Stelle des thatsächlichen Zusammenhangs oft subjektive Reflexionen gesetzt hat.

---

[1] K.- u. K.-Hist. I pg. 359.

Aus dem Gesagten erhellt zugleich, dass Arnold nicht eine Darstellung des Gesamtlebens der allgemeinen Kirche im Geiste dieser Kirche gegeben hat, da sein Blick auf die Entwicklung der gesamten Kirche getrübt wurde durch den Blick auf seine kirchliche Gegenwart, da er vielfach über die Schranken seines pietistischen Standpunktes sich nicht erheben konnte und der Schwerpunkt der kirchlichen Entwicklung für ihn zu allen Zeiten in den Sekten, nicht in der allgemeinen Kirche ruht. Sein Urteil über die geschichtliche Entwicklung der Kirche ist nicht frei von einem falschen Pessimismus, wie er sich in noch stärkerem Grade bei verschiedenen Sekten (z. B den Irvingianern) zeigt, welche die ganze kirchengeschichtliche Entwicklung als verfehlt, die Volkskirchen als ein Babel, als bürgerliche Einrichtungen und blosses Menschenwerk mit christlichem Scheine ansehen, während sie von sich selbst in selbstgefälliger Eitelkeit die Ansicht haben, dass bei ihnen allein noch wahres Christentum zu finden sei. Auch Arnold erschien die Kirche als völlig von ihrer Bestimmung abgewichen; in der Geschichte der Kirche erblickte er nur eine immermehr überhandnehmende Verdunkelung. So gelang es ihm nicht, zu dem wahren christlichen Optimismus hindurchzudringen, welcher auf der Verheissung des Herrn ruht: „Siehe, ich bin bei euch alle Tage bis an der Welt Ende", so erkannte er nicht, dass, ob auch Störungen eintreten, kraft deren die Entwicklung der Kirche nicht geradlinig verläuft, dennoch jede Periode einen Fortschritt bildet.

Trotzdem aber Gottfried Arnold den Gesetzen der kirchenhistorischen Darstellung noch nicht völlig genügt hat, beginnt gleichwohl die Kirchengeschichtsschreibung mit Recht mit ihm eine neue Epoche. Der Fortschritt, welchen die kirchliche Geschichtsschreibung durch ihn gemacht hat, liegt — um es kurz zusammenzufassen — darin, dass man seit Arnold bei der Beurteilung der Persönlichkeiten und Richtungen nicht mehr davon sich beeinflussen und bestimmen lässt, ob die Kirche die betreffenden Personen oder Richtungen als häretisch verurteilt hat oder nicht, ob diese das kirchliche Bekenntnis in allen Punkten anerkannt haben oder nicht, sondern von der Erwägung, ob das Zeugnis ihres im evangelischen Glauben wurzelnden Lebens sie als christliche Personen und Richtungen erwiesen hat; damit hängt zusammen, dass seit Arnold die Geschichte der Ketzer und Sekten ein integrierender Teil der Kirchengeschichte geworden ist. So stehen alle späteren evangelischen Kirchenhistoriker, mögen diese auch dem Ideal der Kirchengeschichtsschreibung näher gekommen sein, 'doch auf den Schultern Gottfried Arnolds. Auf die durch diesen geschaffene Grundlage sich stützend, hat Lorenz Mosheim mit gründlicher Forschung, pragmatischer Behandlung und historischer Kunst als Vater der modernen Kirchengeschichte die letztere auf die Höhe wahrer Wissenschaft erhoben, haben Neander und andere von Gründlichkeit und Tiefe zeugende und von evangelischer Frömmigkeit durchhauchte Darstellungen der Kirchengeschichte gegeben.

Gottfried Arnold als Mystiker.

Das eigentliche Wesen der Mystik[1] ist innere Lebensgemeinschaft mit Gott, in welcher der Mensch seinen Gott nicht allein in dem äusseren Heiligtume, dem sichtbaren Tempel sucht, sondern der Mensch selbst das Heiligtum, der Tempel ist. Daher giebt es eine echte, ethische

---

[1] Vgl. L. Noack, die christl. Mystik im Mittelalter u. in d. neueren Zeit. (1853 Königsberg) II. Teil.

3

Mystik, ohne welche das religiöse Leben des Christen undenkbar ist, welche im Gebete als einer anhaltenden Stimmung der Seele sich offenbart, wodurch diese sich in innigster Gemeinschaft mit dem erlösenden Gott in Christus zusammenschliesst. Aber diese echte Mystik beschränkt sich eben nicht bloss auf die Anbetung in der Stille, in der Tiefe der christlichen Seele, sondern sucht und findet gern ihre besondere Stärkung und Kräftigung in der gemeinsamen Erbauung, der einmütigen Anbetung der Gläubigen, in der gemeinsamen Feier des heiligen Abendmahls, bei welcher jene Vereinigung mit dem Herrn ihren Höhepunkt erreicht.

Die Mystik gerät aber auf Abwege und ist eine falsche, wenn sie die Vereinigung mit Gott als eine Verschmelzung mit ihm betrachtet und so in pantheistische Anschauungen sich verliert, wenn sie ferner unter Überspringung der Schranken der Erkenntnis, ja unter Verachtung aller wissenschaftlichen Vermittlung der Erkenntnis, auf unmittelbarem Wege die Tiefen der Gottheit und der himmlischen Welt ergründen zu können meint, wenn sie, in dem Bestreben, das Gefühl zu nähren, dasselbe bis zur Verzückung zu entflammen sucht. Sie ist eine extreme und verirrte, wenn sie die Anbetung auf das Heiligtum des Herzens beschränkt, den Versöhner, den Christus für uns, welchen wir im Glauben uns aneignen müssen, in Schatten stellt gegenüber dem Christus in uns, wenn sie von den Gnadenmitteln, welche der Versöhner zur Entwicklung des Glaubenslebens in seiner Kirche gestiftet hat, keinen rechten Gebrauch macht, die Sakramente also und die kirchliche Gemeinschaft, d. h. die Veranstaltungen der erziehenden Gnade, welche durch dieselben dem Menschen bei seinem Streben nach Heiligung zu Hilfe kommen soll, mit Gleichgiltigkeit und Geringschätzung betrachtet als nur der niederen Stufe angehörig, auf welcher sich die Masse des christlichen Volkes befindet. Ähnliche Abwege bemerken wir auch in der lutherischen Kirche des XVII. Jahrhunderts, als, im Gegensatze zu dem dürren Aufbau von Systemen, zu der Scholastik, welche das Herz unbefriedigt liess, spekulative und lebensvollere Geister der Mystik sich zuwandten.

Allen mystischen Richtungen aber, welche im XVII. Jahrhundert in der protestantischen wie in der katholischen Kirche sich geltend machten, war die Überzeugung gemeinsam, dass nicht in der äusseren Kirche oder Kirchenlehre, sondern in der verborgenen, geheimnisvollen Lebensverbindung des Einzelnen mit Gott das Centrum des Christentums zu suchen sei. Es lag in diesen Richtungen ein Streben, an die Stelle jeder äusseren Auktorität, auch der Schrift, das testimonium Spiritus Sancti internum zu setzen, das Zeugnis des Geistes, durch welchen göttliche Wahrheit und göttliches Leben unmittelbar dem Einzelnen erschlossen und mitgeteilt werde, und das unmittelbare Einwohnen des Geistes Gottes im Menschen zu dem zu machen, wodurch die Versöhnung bewirkt werde.

Werfen wir einen kurzen Blick auf die unmittelbaren Vorgänger Arnolds in der Mystik, mit deren Anschauungen Arnolds mystische Ansichten um so mehr in einem Zusammenhang stehen mussten, als dieser mit seinen Vorgängern sich eifrig beschäftigt hat. Mit mystisch-separatistischen Gedanken war schon in der Zeit der Reformation unter anderen Caspar Schwenkfeld in der protestantischen Kirche hervorgetreten, indem er, im Vergleich zu der inneren Selbstmitteilung der Herrlichkeit Christi als dem Kernpunkte, die kirchlichen Gnadenmittel herabsetzte. Diese mystische Richtung nahm dann in Val. Weigel, Jacob Boehme und in Angelus Silesius, der vom Protestantismus ausgegangen war, einen gnostisch-theosophischen Charakter an. Weigel, welcher alle Gotteserkenntnis im Menschen als Selbsterkenntnis betrachtete, bezeichnete den historischen Christus nur als reale Darstellung des inneren Christus, der das Wort und Licht in jedem Menschen sei. Jacob Böhme, der philosophus teutonicus, welcher den Höhepunkt der

Mystik in der lutherischen Kirche bezeichnet und welcher die spekulative Naturphilosophie mit praktischer Religionsphilosophie vereinigte, stellte die Heiligung über die Rechtfertigung. Er fand vielfachen Anklang; freilich lehnten auch extremere Mystiker an ihn sich an, wie Gichtel, Bröckling und Kuhlmann, der geradezu eine Karrikatur der Mystik war. Nach Böhme trat der Konvertit Angelus Silesius auf welcher die evangeiischen Thatsachen in innere Zustände auflöste und sich mehr und mehr in die Irrwege einer pantheistischen Mystik verlor. Der zur protestantischen Kirche übergetretene Labadie stellte sich auch über die Schrift und die Kirche und gab nur auf den Geist Gottes etwas, wie auch die Quäker den heiligen Geist neben der Schrift als Quelle der Heilswahrheit bezeichneten.

Was nun Gottfried Arnold betrifft, so war dieser sicherlich mehr noch Mystiker als Pietist. Denn wenn der Unterschied der Mystik von dem ihr verwandten Pietismus darin besteht, dass die Mystik, wenn sie ebenfalls den Blick auf dem Einen, was not ist, ruhen lässt, doch dabei das schliessliche Ziel des christlichen Lebens anticipiren will, nämlich die ewige Ruhe in der Vollendung des ewigen Lebens, während der Pietismus bei dem ersten Anfange, bei dem Umschwunge der Seele, ihrer weltentsagenden Bewegung zu Christus hin, stehen bleibt, so blieb Arnold nicht bei dem ersten Anlaufe zum Reiche Gottes stehen, sondern sein Streben richtete sich auf die Vollendung des christlichen Lebens, auf den vollen Genuss der Liebesgemeinschaft mit Gott, auf die völlige Einkehr in Gott, wie er dies ausspricht in einem seiner Lieder[1] in den Worten:

„Eines, Eines fehlt mir hier, das ich nicht ganz find' in mir:
Der verbundnen Einigkeit unbewegte Festigkeit."

Dieser Gedanke, welcher seine Seele beherrschte, kommt auch immer von neuem in seinen Schriften zur Geltung.

Mit Eifer und innerer Teilnahme beschäftigte sich Arnold mit den Schriften sowohl der älteren Mystiker, als auch seiner unmittelbaren Vorgänger auf dem Gebiete der Mystik und suchte durch Herausgabe solcher Schriftwerke die Gedanken der Mystiker seiner Zeit nahezubringen. So gab er 1699 den „geistlichen Wegweiser nebst Sendschreiben und Lebenslauf des Quietisten Molinos, 1701 Johann Ruysbroecks „geistreiche Schriften", verdeutscht mit einer Vorrede, in demselben Jahre den „Cherubinischen Wandersmann" des Angelus Silesius mit einer Vorrede, 1712 die Vorrede über des Thomas von Kempis geistreiche Schriften heraus. Wertvoll und interessant sind diejenigen Schriften, in denen er eine geschichtliche Darstellung und Schilderung der Erscheinungen der Mystik und des Mystizismus giebt, wie er denn schon im II. Bande der „Kirchen- und Ketzerhistorie" die verschiedenen Mystiker und ihre Anschauungen vorgeführt hat. Die bedeutendste Frucht aber der Studien über mystische Theologie, denen Arnold unmittelbar nach Vollendung seines grossen kirchenhistorischen Werkes mit besonderem Eifer oblag, war seine „historia et descriptio theologiae mysticae", welche 1702 herauskam, und wovon 1703 eine deutsche Ausgabe erschien. Das Hauptgewicht in diesem Werke liegt auf der Beschreibung des Wesens der Mystik. Die Mystik wird darin als die wahre christliche Religion, als eine verborgene Weisheit von Gott und göttlichen Dingen betrachtet, durch welche der Christ zur Reinigung, Erleuchtung und zur innigsten Vereinigung mit Gott geführt werden solle. Ein Beweis aber, wie gern Arnold auch in den letzten Jahren seines Lebens mit mystischen Gegenständen sich beschäftigte, ist die 1709 erschienene Schrift: „wahre Abbildung des

---

[1] Aus dem Liede: „Ew'ge Weisheit, Jesu Christ, da mein rechter Brautschatz ist", in den Poet. Lob- und Liebessprüchen (nach Hohelied S....).

inwendigen Christentums", welche eine Fortsetzung seiner „ersten Liebe" ist, und worin er eine Wolke von Zeugen des innerlichen Christentums an unseren Augen vorüberziehen lassen will Wenn wir nun die mystische Richtung Gottfried Arnolds im einzelnen betrachten, so werden wir bald erkennen, dass er nicht gerade selbständig und originell auf dem Gebiete der Mystik gewesen ist, dieselbe also eine weitere Fortbildung durch ihn nicht erfahren hat, weshalb er auch in den gelehrten Werken, welche den Entwicklungsgang der christlichen Mystik darstellen (z. B. in Noacks Werk) keine besondere Erwähnung gefunden hat.

Ohne Zweifel war Arnold eine Natur, welche zur Mystik angelegt war; denn wenn es den Mystikern eigentümlich ist, dass sie die Augen gegenüber der Aussenwelt verschliessen, um der inneren Welt Raum zu geben, so war Arnold offenbar von Jugend auf eine nach innen gerichtete Natur. Allerdings unterscheidet er sich in einem Punkte wesentlich von den älteren und neueren Mystikern des Morgenlandes wie des Abendlandes. Während diese der Lebensansicht huldigten, dass nur in der sinnenden Betrachtung und frommen Beschaulichkeit, im Gegensatze zu dem thätigen Leben, das vollkommene Leben möglich sei, dass es das beste sei, gar nicht zu handeln, damit wir nicht in Zerstreuung und Zersplitterung durch das Wirken nach aussen uns verlieren, sondern stets zu weilen auf der einsamen Bergeshöhe der Betrachtung, die Seele einzutauchen in das Ewige und Göttliche, war Arnold eine zu praktische, unruhige und heftige Natur, als dass er sich hätte ganz dem kontemplativen Leben in der Stille hingeben können, vielmehr fühlte er sich getrieben, auch um sich her neues Leben hervorzurufen. In dieser Hinsicht war er kein Mystiker im vollsten Sinne und befand sich in der That in einem gewissen Widerspruch mit sich selbst, da er mehr in der Theorie als in der Praxis Mystiker war.[1]

Die Frage aber, welche sein Denken bewegte, und welche er als Mystiker zu ergründen suchte, war keine andere als die praktische Lebensfrage, durch welche geheimnisvollen Mittel und Wege der innere Mensch zur völligen Einigung und Vermählung mit dem uns verborgenen[2] Gott gelangen könne und müsse, wie die mystische Vereinigung des Herzens mit Gott in Christo hergestellt werde. Der Theosophie, der spekulativen Mystik stand er fern; daher verlor er sich weniger in pantheistische Gedanken, als Angelus Silesius, der mit Hilfe der theosophischen Spekulationen Böhmes die Tiefen des Göttlichen ergründen zu können verneinte und die Unterschiedenheit Gottes und der Kreatur verwischte. Daher blieb er auch mehr als Angelus Silesius und andere extreme Anhänger Böhmes im Zusammenhang mit dem geoffenbarten göttlichen Worte und im grossen ganzen mit dem evangelischen Christentum.

Mit seiner mystischen Richtung hängt es aber zusammen, dass er, wie viele Mystiker seiner Zeit das „innere Wort" nicht selten neben die Schrift stellt. Auch er hatte ferner die Neigung, wie viele andere in der damaligen Zeit, den Christus in uns statt des Christus für uns zu betonen. Jedoch geht er darin nicht soweit, als z. B. Gichtel, der den Christus pro nobis geradezu einen „verkehrten Lehrpunkt" nennt. Obwohl bei ihm Christus als der Versöhner nicht zur vollen Geltung kommt und insbesondere der Kampf mit seinen Gegnern ihn dazu führte, den historischen Christus hinter den inneren zurückzustellen, so hat er doch jenen zu keiner Zeit völlig aus dem Auge verloren.

Wenn Arnold eine Zeitlang sich des Kirchenbesuchs und des Abendmahlsgehens enthielt, so hängt dies allerdings zum Teil mit seinem pietistischen Separatismus zusammen, zum

---

[1] Vgl. Dibelius, a. a. O. pg. 296 ff.

[2] Vgl. das Lied: „der unbekannte Gott", in den „Göttl. Liebesfunken" Nr. 144.

Teil aber offenbar mit seiner Mystik, wie er denn seine Enthaltung vom Abendmahlsgenusse damit zu rechtfertigen[1] suchte, dass er sagte, es sei dieser Genuss nicht unumgänglich nötig, da Gottes Barmherzigkeit stets eine inwendige Nahrung der Seele in Christi Gemeinschaft zur Genüge darreiche. Haben doch auch Dippel und andere, mit denen Arnold längere Zeit verkehrte, über Taufe, Beichte und Abendmahl im Gegensatze zu dem inneren Lichte, welches die Menschen erleuchte, gering gedacht. In ähnlicher Weise besuchte auch der reformierte Mystiker und Liederdichter Terstegeen die Kirche selten, vermied es, zum heiligen Abendmahl zu gehen, und liebte es, von der inneren Feier des heiliges Mahles zu reden und die Herzenskirche zu betonen, die überall sei, wo man Gott suche und verehre, wie auch die mystisch-schwärmerischen Quäker die Sakramente nur als Schattenbilder der Geistestaufe und der Gemeinschaft mit Christo ansehen.

Die mystischen Anschauungen, in welche Arnold sich eingelebt, und die mystische Ausdrucksweise, an welche er durch langandauernde Beschäftigung sich gewöhnt hatte, offenbaren sich in dem Worte, welches er kurz vor seinem Tode aussprach: „Ich esse Christum in jedem Bissen Brod", ein Wort, welches von dem ersten Biographen dahin gedeutet wird, „Arnold habe im Genusse der irdischen Speise geschmeckt, wie süss, kräftig und lieblich das ewige Wort und Wesen Gottes sei."

Wenn nun Gottfried Arnold im ganzen, entsprechend der praktischen Richtung seines Geistes, von jener gnostisch-theosophischen Mystik, welche tiefere, spekulative Blicke in das Wesen der Gottheit thun zu können glaubt, sich fernhielt, so hat er doch, wenn auch nur für kurze Zeit, dies Gebiet betreten, nachdem während seines zweiten Aufenthaltes in Quedlinburg vom Jahre 1698 ab seine Mystik in einen krankhaften, schwärmerischen Mystizismus ausgeartet war. In eine solche ungesunde Richtung geriet er erst durch die Anregungen, welche er von mystischen und separatistischen Schwärmern erhielt, mit denen er freundschaftlich verkehrte oder in deren Schriften er sich zu der Zeit vertiefte, als er mit der äusseren Kirche und ihren Hauptvertretern völlig zerfallen war. Angeregt wurde er vor allem von Joh. G. Gichtel aus Regensburg, einem schwärmerischen Anhänger J. Böhmes, der ausserdem mit den Labadisten in Berührung gekommen war, und in dessen Engelsbruderschaft Arnold eintrat. Einen ähnlichen Einfluss übte auf ihn die apokalyptisch-separatistische philadelphische Societät aus, welche 1696 von eifrigen Verehrern Böhmes gegründet war, damit die Wiedergeborenen aller Kirchen zu einer heiligen, christlichen Gemeinschaft gesammelt würden. Die Schriften, welche in den letzten Jahren des XVII. Jahrhunderts von diesen Philadelphiern ausgingen, insbesondere die Schriften der Kaufmannswittwe Jane Leade in London (am bekanntesten ist ihr „Gartenbrunnen"), des Pfarrer Pordage in Bradfield und des Collegiat Bromley in Oxford, entflammten vollends Arnolds Geist bis zur Exaltation und zur Ekstase, in welcher er, in Böhmes Geist, einen Kultus mit der Sophia trieb und von der geistlichen Vermählung mit dieser als einer Thatsache der Erfahrung der reinsten Gemüter redete. In diesem Sinne schrieb er im Jahre 1700 die Schrift: „Das Geheimnis der göttlichen Sophia oder Weisheit." Mit dem Feuer der Begeisterung, mit dichterischem Schwunge und grosser Gewandtheit der Darstellung wird in diesem phantastischen Buche die Sophia beschrieben als ein selbständiges göttliches Wesen, in der Gestalt einer vollkommenen reinen Jungfrau, und es wird nun geschildert, wie diese himmlische Weisheit Gottes den Menschenseelen sich bezeuge und an ihnen wirke zum Zwecke der Wiederbringung des verlorenen Kleinods paradiesischer Reinheit und Vollkommenheit. Das an-

---

[1] Vgl. seine „Erklärung vom gemeinen Sektenwesen, Kirchen- und Abendmahlgehen" (1700).

gezogene Werk zeugt von der schwärmerischen Verirrung Arnolds und hat in seinem poetischen wie prosaischen Teile argen Anstoss erregt. Zwar hat A. Knapp[1] gesagt, es sei auch an dieser Schrift die tiefe praktische Schrifterkenntnis Arnolds bewunderungswürdig; doch ist zu entgegnen, dass der diesem Buche zu Grunde liegende Gedanke bei genauer Betrachtung als unbiblisch sich erweist und nur äusserlich an die Weisheit Salomonis und besonders an das Hohelied, dessen Ausdrücke von Arnold noch überboten werden, angelehnt ist. Ohne Zweifel kann man auch den Unwillen nicht unterdrücken, welchen man bei der Lektüre des Buches empfindet, da es mit der heiligen Scheu vor dem Göttlichen, welche in uns wohnt, sich nicht verträgt, dass neben der Andacht der Sinnlichkeit Raum gegeben wird, dass hier mit der himmlischen Sophia gewissermassen eine geistliche Buhlerei getrieben wird. Mit Recht sagt daher Steinmeyer, „es walten in der Schrift ein krampfhaftes Wesen, eine beängstigende Glut, Übergriffe der Phantasie, hart au das Gnostische streifende Anschauungen, überhaupt irgend etwas von dem, was der Apostel (Kol. 2,18) eine Geistlichkeit der Engel nennt." Übrigens hat Arnold selbst kurz vor seinem Tode diese seine Schrift verurteilt, indem er sagte, er wünschte, dass diese Schrift überhaupt nie von ihm geschrieben wäre (vgl. Anhang 1).

Aus allem, was über Gottfried Arnolds Mystik gesagt worden ist, ergiebt sich, dass derselbe in seinem mystischen Denken nicht originell und selbständig gewesen ist, dass er teils nur ausgesprochen hat, was andere zu seiner Zeit aussprachen, teils seine Gedanken dem Ideenkreise anderer entnommen hat, so dass ihm als Mystiker keine wesentliche Bedeutung vindiziert werden kann, wenn auch manche seiner mystischen Schriften um der eindringlichen Sprache und um der Glut der Empfindung willen, mit welcher das Verlangen nach dem ewigen Gute und nach völliger Verleugnung der Welt ausgesprochen wird, immerhin Beachtung verdienen.

Gottfried Arnold als geistlicher Liederdichter[2].

„Es gehört — um mit Martensen zu reden[3] — zu den Vorzügen der lutherischen Kirche, dass sie einen Liederschatz besitzt, welcher im Laufe der Zeiten immer mehr angewachsen ist und welcher durch Tiefe und Innigkeit des Gemütslebens die Gemeinde auch ferner von Geschlecht zu Geschlecht wird erbauen können." Insbesondere steht die deutsche lutherische Kirche vor uns im fürstlichen Schmucke des volkstümlichen Liedes.

---

[1] In der Einleitung zur Ausg. der „ersten Liebe" (Stuttgart 1845) pg. XX.

[2] G. H. Götze, Sendschreiben von Annabergischen Liederfreunden an seinen Sohn (Lüb. 1722). Siehe Anhang 3. — Koch, Gesch. d. Kirchenlieds 3. Aufl. Bd. VI 1869 pg. 198 ff. — Cunz, Gesch. d. Kirchenlieds 1855. II. pg. 51 ff. — Arnolds sämtliche geistl. Lieder sind in ursprünglicher Form herausgegeben von Ehmann, Stuttgart 1856. — Von A. Knapp sind im Anhang zur Ausg. der „ersten Liebe" (Stuttg. 1845) 93 Lieder Arnolds herausgegeben, aber so umgeändert worden, dass der ursprüngliche Dichter darin nicht zu erkennen ist; 40 dieser Lieder sind auch in Knapps Evang. Liederschatz (1865. 3. Aufl.) aufgenommen. — Dibelius a. a. O. p. 278 ff.

[3] Christl. Ethik (1879) II, I. p. 393.

Im XVI. Jahrhundert hat in dem protestantischen Kirchenliede der evangelische Glaube einen entschiedenen, klaren und volkstümlichen Ausdruck gefunden; besonders war es Luther, welcher durch seine aus dem Volke heraus gedichteten und für die ganze Gemeinde bestimmten Lieder zeigte, worin der eigentümliche Wert und die eigentümliche Kraft des evangelischen Kirchengesanges beruhe, dass dieser nämlich der Herzenserguss eines Volkes ist, welches, wie es in der Kirche seine wahre Heimat hat, so auch seines Herzens Bestes auf den Altar seiner Gottes niederlegt. In den Tagen poetischer Dürre, wie sie in der deutschen Litteratur am Anfange des XVII. Jahrhunderts eintraten, war das Kirchenlied das frischeste und ein durch und durch gesundes und erfreuliches Erzeugnis, und auch in der folgenden Zeit bis zur Mitte des XVIII. Jahrhunderts bewahrte sich die deutsche Poesie bei sonst tiefem Stande im kirchlichen Liede einen volkstümlichen Charakter.

Im XVII. Jahrhundert hatte das Kirchenlied seinen Höhepunkt in Paul Gerhard erreicht, dessen Lieder, obwol sie nicht im Namen der ganzen Gemeinde, sondern aus persönlicher Erfahrung heraus unter dem Eindrucke des Jammers des 30jährigen Krieges gedichtet sind, dennoch, da sie Subjektives und Objektives vereinigten, von der ganzen Gemeinde verstanden und aufgenommen wurden. Während so in ihm zwei Strömungen vereinigt waren, welche zeitlich sich an seiner Person schieden: der Gesang des christlichen Gemeindebewusstseins und der Gesang des persönlichen Gefühlslebens, kam mit dem Erbauungsliede des Pietismus, welcher seit der Mitte des XVII. Jahrhunderts sich geltend machte, die letztere Strömung zur Herrschaft. In den Zweigen des grossen Baumes, welcher ans einem von Spener gelegten Senfkorn erwachsen war, liessen geistliche Sänger ihre lieblichen Gesänge erschallen, welche überall ein Echo fanden, wo christliches Leben seine Stätte hatte. Wir verdanken dem Pietismus gar herrliche Lieder, welche unter den Perlen des evangelischen Liederschatzes glänzen werden, so lange es eine evangelische Kirche giebt; man denke nur an Richters: „Es glänzet der Christen inwendiges Leben", an Schröders: „Eins ist not, ach Herr dies Eine", an Bogatzkys: „Wach auf, du Geist der ersten Zeugen", an Herrnschmids: „Lobe den Herren, o meine Seele" u. a. Freilich dürfen wir auch die Einseitigkeiten und Mängel der pietistischen Richtung in der geistlichen Poesie nicht verschweigen. Das fromme Bewusstsein mit seinen aparten geistlichen Erfahrungen bemächtigte sich der geistlichen Dichtung; die persönliche Erfahrung der bekehrten Seele wurde im geistlichen Liede dargestellt. Vielfach kam die einseitige Frömmigkeit und der Partikularismus der pietistischen Liebe zum Herrn, dass man ihn nur lieb hatte als den Heiland der einzelnen Seele, ohne ihn zugleich als den Weltheiland und König im Reiche Gottes zu lieben, auch in den Liedern zum Ausdruck. Indem die Pietisten dem subjektiven Gefühle freien Lauf liessen, verloren sie sich nicht selten in phantastische Spielereien; und indem man in der Kunstpoesie zu bewegteren Rythmen überging, führte auch dies und anderes immer tiefer in die Subjektivität hinein und vom geistlichen Volksliede hinweg. Wegen dieser Subjektivität haben die meisten pietistischen Lieder, wie sie nur für private Erbauung Einzelner berechnet und geeignet sind, im evangelischen Kultus keine Verwendung gefunden; die meisten sind nicht zu Kirchenliedern und nicht zum Gemeingut des ganzen evangelischen Volkes geworden. Nichts ist ja mit dem kirchlichen Liede unvereinbarer, als wenn das Christliche einen Beigeschmack erhält von den Besonderheiten des Einzelnen, wenn das Individuelle der Gemeinde aufgenötigt wird. Zu den Mängeln der Dichtung der Pietisten — wie vielfach auch ihrer Predigtweise[1] — gehört auch, dass sie öfters die Form allzusehr vernachlässigten, dass sie in der Verachtung

---

[1] G. Baur, Homiletik (1848) pg. 58.

aller Sorgfalt im Ausdrucke, manchmal sogar in Form- und Geschmacklosigkeit etwas suchten. Zum Teil, obwol seltener, wurde der didaktischen Poesie ein ungebührlicher Raum gegeben infolge irriger Anschauungen über das Wesen des Kultus, wie dies in den Versifikationen des sonst poetisch angehauchten Woltersdorf sich zeigt.

Die angedeuteten Mängel und Schattenseiten der pietistischen Liederdichtung finden sich denn auch fast alle mehr oder weniger in den geistlichen Poesien des poetisch hochbegabten und dadurch seinen pietistischen Gesinnungsgenossen weit überlegenen Gottfried Arnold wieder.

Von den geistlichen Gesängen Arnolds, welche nach Ehmanns genauer Zählung sich auf 139 Lieder, mit Ausschluss der ebensovielen Madrigalen, Gedichte und Reime, belaufen, finden wir die meisten zerstreut in fast allen seinen Schriften. In manchen Schriften finden sich auch Übersetzungen alter christlicher Hymnen und Poesien, z. B. des Ambrosius, Prudentius, Sedulius, Prosper Aquitanus u. a. — Geistliche Lieder Arnolds sind enthalten in folgenden Schriften:
1. „Göttliche Liebesfunken, aus dem grossen Feuer der Liebe Gottes in Jesu Christo entsprungen und gesammelt." Frankfurt 1697. 2. verm. Ausg. 1701. 3. Aufl. 1724.
2. „Anderer Teil der göttl. Liebesfunken" Frankfurt 1701.
3. „Das Geheimnis der göttlichen Sophia, der Weisheit, beschrieben und besungen" Leipzig 1700. Zwei Liedersammlungen bilden den poetischen Teil dieses Buches, worin er die Weisheit in phantastisch sinnlichen Bildern preist; nämlich: „Poetische Lob- und Liebes-Sprüche von der ewigen Weisheit, nach Anleitung des Hohenlieds Salomonis", und: „neue göttliche Liebesfunken und ausbrechende Liebesflammen."
4. „Das eheliche u. unverehelichte Leben der ersten Christen beschrieben" Frkf. 1702.
5. „Neuer Kern wahrer Geistesgebete aus lauter Alten genommen." Leipzig 1703. 2. Aufl. 1714, mit dem poetischen Anhang: „Neuer Kern recht geistlicher lieblicher Lieder", wovon allerdings manche Lieder nur mit Wahrscheinlichkeit Arnold angehören, während bei manchen der arnoldische Ursprung stark zu bezweifeln ist, wie nach Koch[1] bei dem schönen Trostliede: „Mensch, drückt dein Kreuz dich ohne Ziel."

Wie wir aus Götzes Schrift über: „Annaberger Liederfreunde"[2] erfahren, hat Arnold, wie als Kirchenhistoriker, so auch als geistlicher Liederdichter eine ganz verschiedene Beurteilung von Seiten seiner Zeitgenossen erfahren. Die einen haben ihn hoch erhoben und gepriesen, die anderen seine Bedeutung herabgedrückt und ihn verurteilt, ohne Zweifel besonders wegen des mystisch-separatistischen Zugs vieler seiner Lieder[3]. In dem „gedoppelten Lebenslauf" (1716) wird Arnold ein „trefflicher deutscher Poet" genannt, „dessen Gedichte so lieblich, honigfliessend und zierlich, als innig und geistlich einem Jeden erscheinen." Dagegen hat der helmstädtische Professor Joh. Andr. Schmidius in einer Dissertation: „de modo propagandi religiouem per carmina" (1710) die arnoldischen Gesänge wegen der „Weichlichkeit ihrer weltlichen Gesängen entnommenen Melodien" scharf getadelt. Joh. Christoph Olearius zu Arnstadt hat in den Bemerkungen über ein Lied des Dr. Erasm. Alberus (1720) von den „schlechten dichterischen Verdiensten" Arnolds gesprochen, was er noch in einer besonderen Schrift erweisen wollte. Weiter hat Georg Serpilius, Theolog zu Regensburg, in seinen „zufälligen Gedanken über des Olearius kurzen Entwurf einer nützlichen Liederbibliothek" und anderwärts Arnolds Lieder einer ungünstigen Kritik unterworfen, wie schon obengenannter Olearius in jenem „Entwurfe einer nützlichen Liederbibliothek" und im „Evangel. Liederschatze" vielerlei an der Arnoldischen Muse auszusetzen gehabt hatte.

[1] a. a. O. pg. 159 Anm. — [2] pg. 4. — [3] a. a. O. II. 82.

Darin stimmen die Kritiker der neuesten Zeit überein, dass, so viel man auch nach verschiedenen Seiten an Arnolds Poesie auszusetzen haben mag, er zu den hervorragendsten, begabtesten und gedankenreichsten Liederdichtern zu rechnen ist.

Seine ungemeine poetische Begabung, welche selbst seine zeitgenössischen Gegner anerkannt haben, zeigt sich an seinen freien dichterischen Ergüssen, wie auch an seinen Übersetzungen darin, dass er die dichterische Form und Sprache meisterhaft beherrschte. Es war ihm gegeben, mit Leichtigkeit und Gewandtheit ein Gedicht, welches die augenblickliche Stimmung ihm eingab, schnell hinzuwerfen; so hat er z. B. nach Wetzel: Hymn. I. 82 das schöne Lied: „Ach, Abba, schenk in Jesu Namen" „auf Begehren Herrn Propst Joh. Porstens einsmals am Sonntag über der Mittagsmahlzeit ex tempore verfertigt." Trotzdem Arnold principiell alle Kunstregeln verachtete und alle sorgfältige Verbesserung der Form, wie die meisten Pietisten, für Zeitverschwendung hielt, zeichnen sich fast alle seine Poesien durch Schönheit und Vollendung in Sprache und Versbau aus; nur wenige lassen die feilende und verbessernde Hand vermissen. Seine Gedichte sind aus ihm geboren, nicht von ihm gemacht, wie er selbst über die Art ihrer Entstehung sich folgendermassen ausspricht: „Zum öftern hat es sich durch Veranlassung guter Freunde gefügt, dass ich einige kurze Verse entwerfen musste. Nicht selten hat mich selber diese und jene Begebenheit oder Angelegenheit zum Ausdruck meiner Betrachtungen gebracht. Bisweilen ist mir unvermutet ein Lied in die Feder oder in die Schreibtafel geflossen, wenn ich auf dem Lande spazieren gegangen und in Gott ruhig und fröhlich gewesen oder wenn sich auch sonst ein Antrieb zum Lob Gottes ereignet hat. Das meiste, ja fast alles, ist unter häufigen und zwar ernsthaften Verrichtungen gleichsam geboren und kann man daher keine grossen Künste versprechen. Ja man hat manchmal gemeint, das Recht zu haben, dass man nicht allezeit den gemeinen Kunstregeln unterworfen wäre, wo die Sache selbst und der Nachdruck etwas Besonderes erforderte. Man war gemeiniglich vergnügt, wenn ein Vers von sich selbst ungezwungen dahinfloss, dass es keines Flickens und Kopfbrechens bedurfte. — Ich halte alles Dichten und Sinnen für unnütz, das nicht aus dem Geist Gottes fliesst. Der ewige Geist Gottes ist einmal ein unendlicher Brunnquell von heiliger Liebe, aus welchem man nicht genug schöpfen und dem Herrn zum Lobopfer wiederum ausgiessen kann."

Die geistlichen Lieder Arnolds sind aber auch bedeutend durch den Reichtum und die Tiefe der religiösen Gedanken und Empfindungen, welche, nicht selten in schönen Bildern und Gleichnissen, darin niedergelegt sind. Sie sind der Ausdruck seiner eigensten christlichen Lebens- und Herzens-Erfahrungen, seines unaufhörlichen Ringens unter äusseren und inneren Anfechtungen, seines rastlosen Strebens nach Selbst- und Weltverleugnung, des Ernstes, mit dem er der Heiligung nachjagte und des heissen Verlangens nach völliger mystischer Vereinigung mit Christo und nach immer reinerem Genusse der göttlichen Liebe. Sie zeigen eine Glut der Andacht und eine Innigkeit der Liebe zu Gott und zu Christo, welcher es allerdings, entsprechend dem eigentümlichen Lebensgange Arnolds, oft an der rechten Fröhlichkeit und evangelischen Freude in dem Herrn fehlt, weshalb A. Knapp diese Liebesinnigkeit und Andachtsglut treffend charakterisirt, wenn er sagt: „sie gleicht einer verschlossenen, ringenden Glut, die in förmliche Flammen auszuschlagen sucht, aber noch von allerlei gährenden Elementen, gleich einem schmelzenden und kochenden Metall umfangen ist, während in Zinzendorfs Liedern wir die kindliche Andacht wie eine helle, rauchlose Flamme freudevoll gen Himmel steigen sehen."

Die Schilderung der Bedeutung und der Vorzüge der arnoldischen Liederdichtung nach

Form und Inhalt leitet uns aber über zur Andeutung der Schwächen und Mängel derselben. Es hängt mit der eigentümlichen mystischen Richtung Arnolds zusammen, dass die in seinen Liedern ausgesprochenen Gedanken und Empfindungen, wie dies in noch höherem Grade bei Angelus Silesius der Fall ist, oft ans Schwärmerische streifen, dass es den Empfindungen an der rechten Abklärung fehlt, dass sie von Überspanntheit und krankhafter Exaltation nicht frei sind, wie dies sich z. B. in dem Liede zeigt: „Jesu, meiner Seelen Leben, dem ich mich zum Dienst ergeben"[1], worin es heisst: „Stöss'st du mich zur Höllenglut, — was du willst, ist mir sehr gut."

Mit der Übertreibung spenerscher Ansichten über die tiefe Verderbnis der Kirche, mit der pietistischen Neigung Arnolds zu separatistischer Verurteilung der grossen Kirchengemeinschaften hängt es zusammen, wenn in manchen poetischen Ergüssen desselben ein radikaler Zug, ein fast fanatisch zu nennender Eifer um das Haus des Herrn uns entgegentritt, welcher den reinen poetischen Genuss trübt. Dies zeigt sich besonders in dem von Arnold wahrscheinlich während seines Aufenthaltes in Dresden, welcher ihn mit Spener in Verbindung gebracht hatte, gedichteten Liede[2]: „Babels Grablied", in welchem die Kirche mit einer feilen Dirne verglichen und zur schonungslosen völligen Zerstörung der Kirche aufgefordert wird, wobei in einem Verse die Aufforderung ergeht:

„Drum stürmt ihr Nest,
Darin sie stolz gewest,
Zerschmettert ihre Kinder an den Steinen!
Die Schlangenbrut soll ja Niemand beweinen!
Gebt ihrem Bau, dem Frevelsitz, den Rest
und stürmt ihr Nest!"

Solche Expektorationen werden nur etwa überboten durch die masslose Wut, mit der im „anmuthigen Blumenkranz" (1712), dem Gesangbuche für die exaltierte philadelphische Brüderschaft zu Strassburg (z. B. in Nr. 40 desselben) alle drei grossen christlichen Konfessionen verflucht werden und zum Einsturze der Türme und Mauern Babels das Kommandowort ertönt.

Endlich ist noch daran zu erinnern, dass eine nicht geringe Anzahl der Lieder Arnolds eine Vertraulichkeit gegenüber dem Herrn verraten, welche die Grenze des in dieser Hinsicht Schicklichen und die Grenzen keuscher Zucht weit überschreitet, so dass Arnold, von der Kühnheit seiner schwärmerischen Phantasie hingerissen, sich selbst vor der Gefahr nicht genügend behütete, welche er warnend in einem seiner Lieder[3] („verliebtes Lustspiel reiner Seelen", Verlangen nach Reinigkeit des Herzens) mit den Worten angedeutet hat:

„Das zarteste Gottesliebs-Bewegen wird unvermerkt ins Fleisch geführt,
Wo nicht des Geistes starkes Regen uns zum Gebet und Wachen rührt."

Freilich gingen andere darin noch weiter als Arnold, wie die Dichter des „anmuthigen Blumenkranzes" (vgl. Nr. 380 v. 1.), welche das Verhältnis der Seele zu Christus als dem Bräutigam in den allersinnlichsten Bildern ausdeuteten[4]. Eine Überschreitung der Grenzen keuscher Zucht findet sich insbesondere auch in manchen Liedern Arnolds aus den „Poetischen

---

[1] In: „Neue göttl. Liebesfunken u. ausbrechende Liebesflammen."
[2] In: „Göttl. Liebesfunken" Nr. 126.
[3] Im Anhang zu dem „ehelichen und unverehelichten Leben der ersten Christen" (Frankf. 1702).
[4] Cunz, a. a. O. II 30.

Lob- und Liebessprüchen von der ewigen Weisheit", in denen von dem inneren Umgange der Seele mit der Weisheit, im äusseren Anschluss an das Hohelied, in so sinnlichen Bildern geredet wird, dass wir gerechten Anstoss daran nehmen müssen und wir, da diese Lieder für uns ungeniessbar sind, es nicht sonderlich beklagen, dass dieselben ziemlich der Vergessenheit anheimgefallen sind[1].

Was nun die Brauchbarkeit der geistlichen Lieder Arnolds für den grösseren Kreis des evangelischen Volkes betrifft, so sind zunächst als völlig unbrauchbar offenbar diejenigen auszuscheiden, welche aus der Zeit stammen, in welcher Arnold, insbesondere durch seinen Umgang mit Dippel, Gichtel u. A., der Verirrung eines krankhaften Mystizismus verfallen war, also die Lieder, in denen Anklänge an den Pantheismus und theosophische Gedanken J. Böhmes zu finden sind, obwohl gerade diese Lieder bei den mystischen Schwärmern im Anfange des XVIII. Jahrhunderts Eingang und Anklang gefunden haben. Aber auch viele derjenigen Lieder, in welchen Arnold die konkrete Offenbarung verlässt und mehr von dem inneren, wortlosen Worte, dem inneren Lichte, mehr von dem inneren Christus als von dem konkreten, historischen Christus redet, werden schon um der vielfach zu hohen und eigentümlich verschränkten Sprache willen dem Volke unfassbar und unverständlich bleiben.

Was aber die übrigen Lieder Arnolds betrifft, so können diese, obgleich sie von hoher poetischer Kraft zeugen, in der Form vollendet und an tiefen Gedanken reich sind, doch fast alle nicht als Kirchenlieder, als zum Gebrauch der Gemeinde beim Gottesdienst geeignete Lieder, bezeichnet werden. Denn wenn das erste Merkmal des Kirchenliedes ist, dass dasselbe geistliches Volkslied in dem Sinne sein muss, dass es eine Empfindung, eine bestimmte Erfahrung des inneren Lebens, welche das Volk umspannt, ausdrückt, so ist der Charakter der arnoldischen Lieder, wie der meisten pietistischen Lieder, ein zu individueller, als dass sie zu volkstümlichen Liedern hätten werden, in den Sinn und das Gemüt der grossen Gemeinde hätten eingehen können. Sie eignen sich mehr für den Privatgebrauch des Einzelnen in der Stille; insbesondere wird bei ähnlich gerichteten Naturen, welche einen Zug zum Pietismus in sich tragen und so Arnold geistig verwandt sind, allezeit ein Verständnis der von ihm ausgesprochenen Gedanken und besonderen Erfahrungen, aber auch eine ergreifende Wirkung der Lieder desselben auf solche Seelen vorauszusetzen sein. In der That fanden viele der arnoldischen Gesänge in fast allen pietistischen Gesangbüchern Aufnahme, wie in Freylinghausens Gesangbuche (1704 und 1714) 25 abgedruckt sind. Wenn es das weitere Merkmal des Kirchenliedes ist, dass es den Glauben der Kirche rein und unverfälscht zum Ausdruck bringen, ein volkstümliches Echo desselben Glaubens sein muss, auf dem die bekennenden Väter gestanden haben, um so den Glauben des Einzelnen zu beleben und zu erfrischen, so ist Arnold hie und da an die Klippe geraten, dass er in seinen Liedern die Schranken des kirchlichen Bekenntnisses übersprungen hat. Auch als geistlicher Liederdichter zeigt er einen Subjektivismus, welcher von dem kirchlichen Liede, in welchem die Gemeinde dankend, bittend und lobpreisend ihren Glauben bezeugt, ferngehalten werden muss. Daraus erklärt es sich, dass nur 5 Lieder Arnolds in allgemeinen kirchlichen Gebrauch gekommen, zu Kirchenliedern geworden sind, obwohl selbst diese nicht im vollsten und strengsten Sinne des Wortes Kirchenlieder zu nennen sind. Diese 5 Lieder sind aber so bekannt und beliebt und glänzen so sehr unter den Perlen des evangelischen Liederschatzes, dass sie auch hier Erwähnung finden sollen. Es sind folgende:

    1. „O Durchbrecher aller Bande, der du immer bei uns bist."

---

[1] Vgl. Ehmann, G. Arnolds geistl. Minnelieder (Stuttg. 1856).

4.*

Dieses Lied, voll gewaltiger Kraft des Gebets und des Glaubens, welches Arnold, als er in Giessen Professor war, in den „Göttlichen Liebesfunken" veröffentlicht hat, trägt die Überschrift: „Der Seufzer der Gefangenen um den Sieg des neuen Menschen." In ihm hat unser Dichter seiner innersten Empfindung und Sehnsucht einen innigen, ergreifenden Gebetsausdruck gegeben, so dass es in der That, wie es von Arnolds energischem Ringen im Kampfe gegen Fleisch und Blut zeugt, als tägliches Gebetslied für solche Christen bezeichnet werden kann, welche mit ihrer Heiligung Ernst machen. Auch geschichtlich ist dieses Lied darum interessant, weil, als E. M. Arndt von diesem Liede Gebrauch machte, der Untersuchungsrichter darin gefährliche Pläne gegen den Staat witterte.

2. „So führst Du doch recht selig, Herr, die Deinen,
   Ja selig und doch meistens wunderlich!"

In diesem Liede, welches unter dem Titel: „Der beste Führer" in den „Göttl. Liebesfunken" herausgegeben ist, überschaut der Dichter die Wege Gottes im grossen und kleinen, um Gottes Fülrungen zu preisen und ihm allein die Ehre zu geben. Es ist voll herrlicher, kräftiger, tröstlicher, in Schrift und Erfahrung wurzelnder Gedanken, eignet sich jedoch auch mehr für die Stille der Privaterbauung, als für das Gotteshaus und ist also mehr für den Zweck des Hausgebrauches in viele Gesangbücher aufgenommen worden, während das in Bezug auf die Gedanken verwandte Gerhardsche Lied: „Befiehl du deine Wege" offenbar in wunderbarer Weise für den Gemeindegottesdienst sich eignet. Wenn A. Knapp von dem genannten Liede Arnolds rühmte, dass es das „tiefsinnigste, erfahrungsreichste, gedankenreichste Kirchenlied voll majestätischer Weisheit" sei, er es also als Kirchenlied im vollen Sinne in Anspruch genommen hat, so hat Lauxmann[1] dem entgegengehalten, dass diesem Liede doch dazu die Einfachheit in Form und Inhalt fehle, dass der Geist des Dichters darin doch zu sehr mit den Gedanken ringe, als dass es ihm gelungen wäre, dem Grundgedanken einen kurzen, klaren und schlichten Ausdruck zu geben.

3. „Herzog unsrer Seligkeiten, führ uns in Dein Heiligtum".

Dieses Lied findet sich in den „Neuen göttlichen Liebesfunken und ausbrechenden Liebesflammen", wo es die Überschrift trägt: „Bittlied um die Vollendung." In ihm spricht sich das Ringen des Dichters aus nach dem höchsten Ziele des Christen, der Vollendung durch des Herrn Hilfe und nach Überwindung aller Hindernisse, welche die Welt mit allen ihren kleinen Dingen uns bei unserem Laufe nach dem höchsten Ziele der Vollkommenheit in den Weg legt.

4. Das Passionslied: „Wenn Vernunft von Christi Leiden
   und von dessen Nutzen spricht."

Es ist im Anschluss an Hohelied 1,14 gedichtet und in den „Poetischen Lob- und Liebessprüchen veröffentlicht. Nach der Bearbeitung im Berliner Gesangbuch 1829 und Würtemb. Gesangbuch 1842 beginnt es: „Richtet auf des Heilands Leiden".

5. „O der Alles hätt' verloren,
   Auch sich selbst, der allezeit
   Nur das Eins hätt' auserkoren
   So Herz, Geist und Seel' erfreut."

Dieses Lied, welches die Überschrift trägt: „Alles in Einem", ist, indem es das Verlangen

[1] Vgl. Koch, G. d. K. 8. Band pg. 501.

nach rechter Selbstverleugnung ausspricht, seinen Gedanken nach verwandt mit Schröders bekanntem: „Eins ist not." Es gehört aber zu denjenigen Liedern aus dem „Neuen Kern wahrer Geistesgebete", deren arnoldischer Ursprung zwar wahrscheinlich ist, aber nicht mit voller Evidenz sich erweisen lässt[1].

Von den genannten 5 Liedern sind die ersten beiden auch in das neue silchsische Landesgesangbuch aufgenommen worden. Vielleicht würde aber doch eine grössere Zahl schöner arnoldischer Gesänge, wenigstens für die Zwecke der Privaterbauung, in die Gesangbücher aufgenommen werden können, wenn es gelänge, in Bezug auf massvolle Abänderungen der Lieder zu einer Übereinstimmung zu gelangen und so manchen Liedern Arnolds eine dem jetzigen kirchlichen Takte nähertretende Gestalt zu geben[2].

---

[1] Vgl. Koch, G. d. K. G. Bd. pg. 159. — [2] Vgl. Dibelius a. O. 293 ff.

Anhang.

1. Aus einem Annaberger Programme des Rektor A. Dan. Richter v. J. 1752:

De doctis Annabergensibus extra patriam bene exceptis promotisque.

Gottfried Arnold, Annabergae d. 5. Sept. 1666 natus, ex nomine patris, quem scholae nostrae Praeceptorem olim bene meritum, in ordine Sextum, habuit, ita nominatus, et Lipsiae[1], ubi ao. 1687 de locutione Angelorum disputavit, ao. 1682[2] tabulis Academicis adscriptus, cuius vitam Jo. Christoph Colerus separatim in libello quodam ampliter satis exposuit. Pauca igitur, quae ibi fortasse desunt, de hoc Arnoldo, ob famosum librum, in quo historiam Ecclesiastico-Haeresiologicam conscripsit, a multis infamato, ut addamus supersunt. Numeratur nimirum Arnoldus noster a Ge. Henr. Goetzio in libello, quem germanice dixit: annabergische Liederfreunde, pg. 3 cum eis, qui psallere amaverint, enumerantur autem ab eodem multi etiam eruditi, quorum iudicia Arnoldum nostrum de cantilenis in Ecclesia male aestimant. Suavis ἀσιοχειρία litteraria, quam dicunt, in causa fuit, ut, viribus prorsus enervatus, et exsanguis homo, morti tandem praematurae occumberet. Insolitae erant, quas turbas milites ao. 1714 d. 20. Maii in templo concitaverunt, militum conquisitores, quum iuvenes quosdam ex templo in militiam raperent, et tantam animi commotionem faciebant, quae huius viri mortem accelerasse creditae sunt. Postero tamen die, feria II da Pentecostes, concionem funebrem audebat, sed, animi deliquium passus, aegrotus e templo domum delatus est. Tandem vis morbi in febrem ardentem conversa eum, intra novem dies plane confectum, die trigesimo Mensis Maii anni illius, a meridie hora quarta, anno aetatis 48 consumsit. Morbo adhuc ingravescente in magna requie animi fuit, et saepe de amore in Deum dixit, usque ad extremum halitum rationis compos. Amico cuidam coniunctissimo, non in morbo ipso, sed paulo ante, quum gravi morbo aeger esse coepisset, affirmavit, quod optaret, ut librum de Sophia nunquam, historiam vero Ecclesiastico-Haeresiologicam maiore cautione, religione et prudentia adhibita, scripsisset. In Bibliotheca, quam schola Chemniciensis habet, litterae[3] manu Arnoldi ad Jo. Georg. Klimperum, Pastorem in pago Rochrsdorf, prope Chemnicium, exaratae adservantur. Reliquum, qui plura de Arnoldo nostro cognoscere cupit, Colerum, quem diximus, adire potest.

[1] „Lipsiae" beruht auf einem Irrtum; es muss Wittebergae heissen. G. A. hat in Wittenberg studiert.

[2] Das Datum 1682 ist unrichtig; 1682 wurde G. A. Schüler des Gymnasiums zu Gera, 1685 wurde er in Wittenberg immatrikuliert.

[3] Diese in beiden Programmen erwähnten, offenbar sehr wertvollen Briefe Arnolds an Klimper sind leider verschollen, wie schon in der Einleitung vorliegenden Programms bemerkt ist.

2. Aus einem Chemnitzer Programme des Rektor M. Daniel Mueller v. J. 1732:

De doctis Chemnicensibus extra patriam bene exceptis.

Propero igitur ad Chemnicensem alium, ita mihi notum, ut etiam familiariter ipso uti, per annos complures, licuerit. Est is M. Johannes Georgius Klimperus, quem anno 1658 die Maii quarto et decimo, in lucem editum pronis amplexatum est ulnis Chemnicium. . . . . Hic in laudes eius excurrere et sinceram eius pietatem, candorem inusitatum, animum ab omni fastu alienum virtutesque praedicare alias, fas esset. Dum autem vereor, ne illam, qua vivus semper eminuit, laedam modestiam, id unum tantummodo addo, eum, si quem semel in amicitiam suam adscripserat, ne vinculum hoc necessitudinis rumperetur, sedulo curasse. Duo id testantur Viri, cum quibus Wittebergae unum incoluit Museum amicissimeque vixit. Hanc familiaritatem tantum abest, ut locorum intercapedo interruperit, ut potius diuturnum literarum commercium aluerit. Primus horum est doctorum nemini incognitus ille Gottofredus Arnoldus, qui Witteberga, Dresda, Quedlinburgo, Verbena et Perleberga ad Nostrum litteras dedit quam plurimas, mecum a filio plurimum Reverendo benigne communicatas: e quibus varia memoria haud indigna, si vagari extra oleas liceret, huc transferri possent. Sed quin pauca tantum afferam, temperare mihi vix queo. Video nempe, ipsum aliquando Correctoris munus Chemnicii frustra ambiisse, id quod e literis non ita multo post ad Nostrum scriptis[1] patet, in quibus haec inter alia exstare animadverto: „De Correctoris Chemnicensis statu, qualis sit, scribe quaeso. Audio enim ipsum non diu subsistere posse in officio, quod mihi Dn. . . . . per aliquem significavit. Ego Deo pro eius directione etiamnum gratias ago, et scholasticos labores ecclesiasticis iam postpono." Tametsi autem fastidire scholam tunc videbatur: sequente tamen anno scholam Snebergensem moderari exoptavit: qua de re haec sunt illius[2] ad Klimperum verba: „Ich habe im Nahmen des Herrn uns Rectorat in Schneeberg angehalten: weiss aber nicht, ob es mir, wie in Chemnitz gehen möchte." Quale fuerit, quo Nostro fuit adstrictus, vinculum, ex his eius colligere videmur posse[3] verbis: „Si regnum haberem, tecum partirer." Jisdem literis pro monitis quibusdam Klimpero toto animo agit gratias, haec simul subnectens: „Nosti plura mea vitia: o si non taceres!" Sed et ipse Klimperum ad muneris demandati partes intrepide explendas saepius excitavit. De opere suo, quo historiam ecclesiae et haereticorum parum feliciter parumque candide texuit, quales daturum sit turbas, ipse praesagivit, scribens[4]: „Auf Ostern kömmt D. V. meine grosse Kirchen- und Ketzerhistorie heraus, welche viel Aufsehens machen wird." Tandem huius literarum commercii, cum Arnoldus ipse istud deprecari[5] videretur, finis est factus.

---

[1] Scriptae sunt a. 1692 d. 19. Febr. — [2] Scribit ita a. 1693. mense Junio.
[3] Sic scripsit ad Nostrum a. 1692. d. 9. Aug. — [4] D. 6. Nov. 1698.
[5] In literis Perlebergae, a. 1711. d. 12. Dec. exaratis.

3. Aus G. H. Götzes, D. der Lübeckischen Kirchen Superintend., Sendschreiben von Annabergischen Liederfreunden[1]

an seinen in Leipzig studierenden Sohn, Gottfr. Christian Götze, Annaemontanum 1722 (56 S.).

§ 2. **Gottfried Arnold.**

Selbiger war zu Annaberg A. 1666. den 5. September von einem dasigen Schulmanne, gleiches Nahmens, gebohren, und starb zu Perleberg als Pastor und Inspector A. 1714. d. 30. Maji im 48sten Jahre seines Alters. Ihm werden unterschiedene Lieder, die er verfertiget, beygeleget, wie er denn A. 1704 in 8. ein besonderes Buch ausgehen lassen, welches mit diesem Titul bezeichnet ist: Neuer Kern wahrer Geistes-Gebete auff alle Fälle, dergleichen noch nie beysammen gesehen worden, nebst einem Kern neuer Lieder[2]. Einige derselben finden wir in dem ersten Theile der Historischen Lebens-Beschreibung der berühmtesten Lieder-Dichter, Herrn Jo. Casp. Wetzels, p. 82. sq. angeführet, gleichwie sie auch in dem Hallischen Gesangbuche p. 689 sq. und anderweits, zu finden. In dem jüngst zum viertenmale gedruckten Naumburgischen glossirten Gesangbuche ist p. 457 sq. eines von denen Arnoldischen Liedern anzutreffen, welches sich also anhebt: Höchster Priester, der du dich selbst geopfert hast für mich[3], etc. In dem gedoppelten Lebens-lauffe dieses sonst nicht ungelehrten Annabergischen Lieder-Freundes wird er p. 9. gerühmet, dass er ein guter deutscher Poet gewesen sey, ein trefflicher deutscher Poet, dessen Gedichte so lieblich, honigfliessend und zierlich, als innig und geistlich einem jeden erscheinen. Alleine diese Censur dörffte wol schwerlich bey allen approbation finden, indem der Hochgelehrte und Hochwürdige Herr Abt und Professor zu Helmstädt, D. Jo. Andr. Schmidius, (welchen Göttliche Güte auf seinem langwierigen Lager stärcken, und mächtiglich helffen wolle!) in einer schon A. 1710 ventilirten Dissertatione Historico-Theologica, de Modo propagandi Religionem per carmina, §. 30. p. 51. von dessen Liedern also judiciret: Aliqui in hymnis componendis tam sunt molles et delicati, ut unice studeant eorum suavitate demulcere animos, adeoque non verentur a profanis, iisque saepius lascivis, illas mutuare. Observare id licet in canticis Dn. Arnoldi et aliorum recentiorum quae ad Italorum profanas melodias, rebusque tam seriis minime convenientes nonnunquam adaptata sunt. So legt ihm auch der berühmte und fleissige Lieder-Freund zu Arnstadt, Herr Joh. Christoph Olearius, schlechte merita bey, in ansehung des nützlichen Lieder-studii, gestalt er in denen Anmerckungen über D. Erasmi Alberi Gesang, Gott hat das Evangelium gegeben, etc. die zu Arnstadt 1720 gedruckt sind, p. 16. sich anheischig machet, solches in einer besonderen Schrifft darzuthun: Ich habe mit Gott beschlossen, Arnolds schlechte merita in Lieder-studio zu weisen. ungeachtet ihm einige allzuhoch erheben, sich aber eben dadurch verdächtig machen. Dass ich weit wiederhole, wie er schon in dem Entwurff einer nützlichen Lieder-Bibliotheck, p. 6. und P. I. p. 13. sq. wie auch P. IV. p. 12. sq. und 91. sq. des Evangelischen Lieder-Schatzes, eines und das andere an ihm ausgesetzet, dem auch der gleichfals berühmte Theologus zu Regenspurg, Herr George Serpilius, in denen zufälligen Gedanken über Herrn Olearii kurtzen Entwurff einer nützlichen Lieder-

---

[1] G. H. Götzii Miscellanea, worin obiges Schriftchen sich findet, gehört zu den wertvollen Seltenheiten der Bibliotheken. Soweit der Verfasser vorliegender Abhandlung es ermitteln konnte, ist dieses Buch nur in der Stadtbibliothek zu Lübeck, sowie in der Kirchenbibliothek zu Annaberg zu finden.

[2] Adducit illum Odarum libellum Clariss. Vir, M. Jo. Christoph Colerus in Historia Gottfr. Arnoldi, p. 128, quem tamen A. 1714. prodiisse narrat plurimum Rev. Jo. Mart. Schammelius in Numburg. Cantilenarum Voluminis quarta vice editi Indice Historico p. 12. existimo tamen illum altera vice A. 1714. recusum fuisse (Anm. Götzes).

[3] Dieses Lied ist nicht von G. Arnold, sondern gehört zu den geistlichen Hirtenliedern des Angelus Silesius. S. A. Knapps evang. Liederschatz (Stuttg, 1865) N. 718. Cunz, Gesch. d. Kirchenliedes, I. p. 698.

Bibliotheck, p. 2. sq. desgleichen in der Prüfung des Hohensteinischen Gesang-Buches, p. 39. darinne b ıyge trete. Sonsten hat er, wegen seiner Schrifften, fürnemlich aber wegen der Kirchen- und Ketzer-Historie, unterschiedene Judicia über sich nehmen müssen, nach welchen die allermeisten ihn für partheyisch und verdächtig halten, und geurtheilet, dass man mit grosser Behutsamkeit dieselbe lesen müsse. Ich berufe mich zu dem ende auf die gelehrte Schrifft, welche Hr. M. Joh. Christoph Cöler in Lateinischer Sprache, de Historia Gothofredi Arnoldi, A. 1716. abgefasset, als darinnen unterschiedener gelehrter Männer Gutachten von dieses Mannes geführten und gefährlichen absehen anzutreffen. Doch wird mir vergönnet seyn, noch etwas weniges beyzufügen. Alss der fromme und gelehrte Theologus, Herr M. Andreas David Carolus, Superintendens Spec. zu Kirchheim unter Tek, die Würtenbergische Unschuld durch Christliche Prüfung dessen, was Herr Gottfried Arnold von des löblichen Hertzogthums Würtenberg Regenten, Regierung und Lehren bevorab von dem seel. D. Jacobo Andreae auffgezeichnet und seiner so genanten Kirchen- und Ketzer-Historie einverleibt hat, aus Liebe der Warheit, zur Ehre Gottes und Erläuterung zerschiedener merckwürdiger Geschichte, der Würtenbergischen und anderer Kirchen Geschichten gründlich und bescheidentlich dargethan, selbiger aber vor der publication dieses gelehrten Wercks mit Tode abgegangen, als beliebte dem Herrn Editori, da solches Scriptum zu Ulm A. 1708. in 4to herauskam, in der Vorrede an den Leser folgende ἐπίκρισιν zu geben: Dieses alles, wie bös es auch (was gehässige Scribenten erzehlet, und die seeligen Reformatores über sich haben müssen ergehen lassen), mag noch so viel nicht schaden, als Herrn Gottfried Arnolds beruffene Kirchen- und Ketzer-Historie, die nicht nur einer oder andern Gattungen von Secten und Ketzereyen überhilfft; Sondern ohne Unterscheid von alten und neuen durchgehends die Vertheidigung mit grosser Kunst übernimt, und zu solchem ende die Orthodoxen gantz greulich zu beschreiben alles aufsetzet. Zwar will er mit seinen Schrifften das ansehen haben, als wann er dem gefallenen Christenthum auffzuhelffen suche, aber er ist es, der mehr auff die Liebe, als auff den Glauben siehet, da doch ohne diesem, wenn er nicht rein und lauter ist, und wol gegründet, unmöglich ist Gott gefallen, dahero er sich soweit vergehet, dass er die rechtgläubige Kirche verspottet, und derselben zum besten geschriebene Glaubens-Bücher zu vernichten trachtet. Die schöne Vorrede, welche der nunmehro in seinem Gott ruhende Gothaische Theologus, Herr D. Johann Heinrich Feustking, eines beliebten Wittenbergischen Predigers, des seel. Herrn M. George Schimmers, der gleichfals der Geburt nach ein Annaberger ist, vollständiger Erklärung der Klag-Lieder Jeremiä, A. 1708. vorangesetzet, ist mit vielen Klagreden und Seuffzern angefüllet, aus welcher ich nur einige zu erborgen vor nöthig erachte. Gottfried Arnold ist von Geburt ein Annaberger. Dieser Mann, wie er das thätige Christenthum so vielmals in dem Munde und in der Feder geführet, als solte man meinen, als wäre er darzu in Annaberg gebohren, ausser Annaberg dem verfallenen Christenthum auffzuhelffen. Wie er aber von vielen Jahren her mit allerhand gefährlichen und dem wahren Christenthum nachtheiligen Praejudiciis schwanger gegangen, also hat er auch nicht anders denn eine monströse Geburt ans Tagelicht bringen können, welche nach ihrem Vater mit recht heisset: Arnoldi Haeresiologiam haereticissima. In diesem unglückseeligen Wercke, wie des Mannes absehen dahin gehet, dass man einem jeden soll glauben lassen, was er wolle, also wird er auch wieder vergönnen, zu glauben, was ich will, nemlich, dass er darinnen das Christenthum und die gantze Historie der Theologie, nicht nach der Vorschrift des Göttlichen Worts, als welches ihm keine Regel des Christenthums ist, sondern nach seiner Phantasie und gefährlichen Vorurtheilen beurtheilet . . . . Man darff sich nicht wundern, dass Arnold die reine Lehre und Göttliche Warheiten wie ein ander Ismael spottet, und denen Decretis Conciliorum und Libris Symbolicis so gar zuwider ist, dass er sie auch als Greuel der Verwüstung ansiehet; ferner dass er den Begriff der Christen von Gott und Göttlichen Dingen, ja gar von der heiligen Dreieinigkeit für unlautere und abgöttische Dinge hält (P. I. f. 49. 50), auch alle Religions-Streitigkeiten als nichtswürdige Händel ohne Unterscheid ausschreyet, dabei alle Kirchen, und ihre heilsame Verfassung lästert, und ihre Mängel so abentheurlich vorstellet, um iedermann dadurch zum Eckel wieder dieselbige anzufeuren, und dahin zu bringen, dass er sich von allen Christl. Secten absondere, an keine Confession binde, sondern seine Religion so einrichte, dass man nur ein unschuldiges und sittenmässiges Leben führe, man hege gleich vor Glaubens Meinungen, welche man wolle . . . Endlich aber machet er diesen Schlus: Was hat doch die arme Mutter, die Evangelisch-Lutherische Kirche gethan, und womit hat sie ihren ungerathenen Sohn Absolon, den Arnolden, beleidiget, dass sie des Atheismi, des Epicureismi, des Heydenthums, der Abgötterey, und eines falschen Evangelii, und anderer grausamen Dinge von ihm beschuldiget wird. Beschuldigen ohne Beweis ist kein Elenchus und gründliche Beschuldigung, sondern eine calumnia und Verleumdung. Dass er saget, unsre Kirche ist die und die, ist nicht genug, könte doch ein anderer auch sagen, Arnold ist der und der; würde es aber damit ausgerichtet sein? Indessen ist doch das genug, dass wir wissen, Arnold sey in der Lutherischen Stadt Annaberg von wackern Lutherischen Eltern gebohren und erzogen, und habe gleichwol von der Lutherischen Kirchen, welcher er sein unatürliches und geistliches Leben, und alles Gute zu dancken hat, nicht das allergeringste Gutes geschrieben.

Indem nun dieses Mannes Schrifften den Indifferentissmum anweisen, und zugleich den Separatismum anrathen, als hast du, mein lieber Sohn, dich vor denenselben desto sorgfältiger zu hüten, je gefährlicher es ist, wenn man von solchem Seelen verderblichen Giffte einmahl ist angestecket worden. Es hat zwar dessen ehemahliger Collego zu Perleberg, Joh. Crusius, in einer besondern, und A. 1719 verfertigten Schrift, die er Lehr-Prüf-Gowissons- und Warnungs-Spiegel und Augen-Salbe nennet, und der bey der Beerdigung des Perlebergischen Kirchen- und Schulen-Inspectoris gehaltenen Gedächtniss-Rede beygefüget, die unbilligen und unchristlichen Censores, wie er sie nennet, auff andere Gedancken zu bringen gesuchet, alleine es dürffte doch die Untugend des Mannes damit nicht hinweg gethan, sondern nur desto tieffer eingedrucket und beybehalten werden. Denn er gleisset nur schön von aussen. Und darum so ists am besten, man lasse dieses Mannes Schrifften gantz ungelesen, oder man lege denenselben anderer redlichen Theologen Schriften dargegen, um damit man destomehr verwahret bleibe. Es ist dir, mein lieber Sohn, nicht unbekant das gelehrte Programma, welches dein ehemahliger Praeceptor, und die hiesigen Athenaei wolverordneter Rector, Herr Johann Heinrich von Seelen, A. 1718. verfertiget, in welchem er zwar kürzlich, doch gründlich, gezeiget, Vindicias Librorum Symbolicorum, et in primis Augustanae Confessionis, adversus Godofredum Arnoldum, affirmare ausum, Honorem Deo ejusque Verbo per Symbola esse ereptum, alss du unter dessen Anführung ein periculum oratorium ablogtest, und de eximiis Lutheri tanquam primi et praecipui Augustanae Confessionis auctoris in rempublicam sacram meritis publico peroriretest. Und darum ermahne ich dich noch ferner, bey solchen guten Godancken zu bleiben, und der Evangelisch-Lutherischen Kirchen Symbolische Glaubens-Bücher dir also bekannt zu machen, dass du dieselben wieder deren Verächter mögest vertheidigen, und derer Lauterkeit in deinem Gewissen versichert und convinciret seyn.

Schulnachrichten.

A. Chronik.

Am Ende des vorigen Jahres wurde Herr Dr. Scheibner als Direktor an die Real-schule II. O. in Leisnig versetzt. Er musste sein neues Amt rasch antreten und konnte daher sich nicht persönlich von unseren Schülern verabschieden, doch liess er ihnen durch den Unter-zeichneten ein „herzliches Lebewohl" zurufen. Dr. Scheibner hat länger als 12 Jahre an der hie-sigen Anstalt gewirkt und sich durch Fleiss, Gewissenhaftigkeit und kollegialen Sinn ein ehren-des Andenken bei uns gesichert.

Nach Dr. Scheibners Weggang fand für mehrere Lehrer ein Avancement statt, indem Herr Dr. Krüger in die 10., Herr Bartsch in die 11. und Herr Röselmüller in die 12. Oberlehrerstelle einrückte, während Herr Dr. Göpfert mit der erledigten Bibliothekarstelle be-traut wurde. Ausserdem hatte das Königliche Ministerium des Kultus und öffentlichen Unter-richts für 1. April den zeitherigen Probelehrer O. B. Wolf zum provisorischen Oberlehrer und den bisherigen provisorischen Oberlehrer Dr. C. B. Leonhardt in Wurzen zum 13. Oberlehrer an unserer Anstalt ernannt. Beide zuletzt erwähnte Herren gaben nach ihrer Verpflichtung folgende Notizen über ihr Leben und ihren Bildungsgang:

„Ich, Oswald Bernhard Wolf, bin geboren im September 1855 in Spitzkunnersdorf in der Oberlausitz, wo mein Vater Pfarrer war. Nachdem ich die Volksschule meiner Heimat mehrere Jahre besucht hatte, trat ich Ostern 1868 in die Quinta des Gymnasiums zu Zittau ein. Ostern 1876 bestand ich die Maturitätsprüfung und bezog die Universität Leipzig, an welcher ich, während ich zugleich meiner Militärpflicht genügte, bis zum März 1881 verblieb. Nach bestandenem Examen nahm ich eine mir angebotene Stelle am Käufferschen Realinstitute in Dresden an, welches ich im Juli 1882 wieder verliess, um an der Königlichen Realschule zu Annaberg, wohin ich vom Ministerium des Kultus und öffentlichen Unterrichts gewiesen worden war, das gesetzlich vorgeschriebene Probejahr abzuleisten. Bereits im Januar 1883 erfolgte meine Designation zum provisorischen Oberlehrer an genannter Schule."

„Ich, Kurt Benno Leonhardt, bin am 4. Dezember 1858 in Annaberg geboren, besuchte die Bürgerschule meiner Vaterstadt und von 1870—75 die Königliche Realschule I. O. daselbst. Nach bestandenem Maturitätsexamen bezog ich die Universität Leipzig und widmete mich ausser philosophischen und pädagogischen Studien vornehmlich dem Studium der modernen Philologie. Am 28. Februar 1880 legte ich die Staatsprüfung ab und trat Ostern darauf in die hiesige Realschule als cand. prob. ein, wurde aber schon nach drei Wochen als Vikar an das König-liche Gymnasium zu Plauen gerufen und erhielt zu Michaelis 1880 eine provisorische Lehrer-stelle an der herzoglichen Realschule zu Ohrdruf i. Th. In gleicher Stellung war ich von Ostern 1881 bis Ostern 1882 an der Realschule II. O. zu Leipzig. Am 16. Juni 1882 wurde ich von der Universität zu Jena auf Grund einer wissenschaftlichen Abhandlung und einer mündlichen Prüfung zum Doktor der Philosophie promoviert. Ostern 1882 erhielt ich eine provisorische Oberlehrerstelle am Königlichen Gymnasium zu Wurzen, begann aber daselbst erst zu Michaelis meine Thätigkeit, nachdem ich an der Universität Genf studiert und mich auch zwei Monate in Paris aufgehalten hatte, um mich in der französischen Sprache zu vervollkommnen. Ostern 1883 wurde ich von dem hohen Königlichen Ministerium des Kultus und öffentlichen Unterrichts zum 13. ständigen Oberlehrer an der hiesigen Realschule I. O. ernannt."

5*

Die Aufnahmeprüfung der angemeldeten Zöglinge fand Montag, den 2. April, statt. Von den 34 Examinierten kamen 27 nach Sexta, 3 nach Quinta, 2 nach Quarta und je 1 nach Tertia und Obersekunda. Tags darauf, früh 7 Uhr, begann der Unterricht.

Die erste Hälfte des Bambergschen Stipendiums (die Osterhälfte) erhielten der Obersekundaner Voigt und der Tertianer Burkhardt.

Die Feier des Geburtstages Sr. Majestät des Königs Albert wurde Montag, den 23. April, in unserer Aula abgehalten. Zur Eröffnung sang der Schulchor die Motette: „Lobet den Herren, den mächtigen König etc." Darnach sprach Herr Prof. Lindemann in seiner Festrede: „Über die Grundbegriffe der physischen Weltanschauung." Weiter folgte das „Salvum fac regem" von Richter und eine Rede des Oberprimaners Kunze: „Über das neue Gesangbuch und die darin vertretenen Liederdichter." Den Beschluss machte der patriotische Gesang: „Heil Dir, Wettiner Haus."

Wegen einer umfassenden Restauration der hiesigen Hauptkirche musste nach dem 24. April der gemeinschaftliche Besuch des Gottesdienstes bis auf weiteres ausgesetzt werden.

Die zu Königlichen Stipendien bestimmte Summe betrug diesmal 1000 Mark und zerfiel in 4 Stipendien von je 100 Mark und 12 Stipendien von je 50 Mark.

Es erhielten Stipendien zu 100 Mark: der Oberprimaner Paul Mehner aus Marienberg, der Unterprimaner Rudolf Rechenberger aus Annaberg, die Obersekundaner Friedrich Meischner aus Auerbach und Otto Voigt aus Glauchau; zu 50 Mark empfingen: der Oberprimaner Hugo Kunze aus Sehma, der Unterprimaner Hermann Graser aus Annaberg, die Untersekundaner Max Thümmig aus Annaberg, Bruno Lorenz aus Ehrenfriedersdorf, Otto Saalbach aus Annaberg, Edwin Vogel aus Elterlein, Paul Barthol aus Wolkenstein, die Tertianer Paul Stöckigt aus Buchholz, Karl Lorenz aus Schwarzenberg, Karl Gläser aus Geringswalde, Hermann Lichtenberger aus Kleinneuschönberg und Alfred Reuter aus Jöhstadt.

Die Sommerferien begannen Freitag, den 20. Juli, und wurden durch einen Deklamationsaktus eingeleitet.

Das Sedanfest wurde am 2. September in herkömmlicher Weise gefeiert. Nach der Motette: „Herr, deine Güte" von Grell sprach Herr Oberlehrer Bartsch: Über das politische, geistige und soziale Darniederliegen Deutschlands in der Zeit nach dem 30jährigen Kriege." Dann sang der Schülerchor „Das deutsche Kriegslied" von Sturm und einzelne Schüler deklamierten: „Hurrah, Germania!" von Freiligrath, „Am 2. September" von Geibel und „Wachet auf" von Geibel. Zum Schluss ward „die Wacht am Rhein" angestimmt.

Das schriftliche Michaelisexamen währte vom 13.—19. September. Nach Feststellung der halbjährigen Censuren wurden Prämien zugesprochen: dem Untersekundaner Lorenz, dem Tertianer Rechenberger, den Quartanern Ludwig und Uhlmann, den Quintanern Mohr und Enderlein, den Progymnasiasten Siecke und Hartmann. — Die zweite Hälfte des Bambergschen Stipendiums (Michaelishälfte) vergab man an den Tertianer Lichtenberger und den Quintaner Brunst.

Das Wintersemester begann Dienstag, den 9. Oktober, früh 8 Uhr.

Anfang November vergab der hiesige Stadtrat zum fünfzehntenmal das Stipendium der „Alten Realschüler" und zwar verlieh er das Hauptstipendium von 75 Mark dem Oberprimaner Mehner und das sogenannte „Benefizium" dem Untersekundaner Thümmig.

Am 10. November vormittags 9 Uhr hielten wir zu Ehren des 400jährigen Geburtstages Dr. Martin Luthers einen Festaktus ab. Zur Eröffnung desselben sang der Schülerchor die erste Strophe des Liedes: „Ein feste Burg ist unser Gott", als Motette bearbeitet von Doles. Dann behandelte Herr Oberlehrer Röselmüller in der Festrede das Thema: „Luthers Persönlichkeit und reformatorische Bedeutung für die Kirche, die deutsche Schule und Sprache." Weiter sang der Chor die zweite Strophe des genannten Liedes, worauf der Direktor eine kurze Ansprache hielt, um die Verteilung von Festschriften einzuleiten, welche nach Absingung der dritten und vierten Strophe des Lutherliedes stattfinden sollte. Die Verteilung geschah in der Art, dass die besseren Schüler der unteren Klassen die im Namen des Pestalozzivereins herausgegebene Festschrift von Weber und die der oberen Klassen die Denkschrift von Prof. Lenz in Marburg empfingen. — Mittags 1 Uhr schloss sich unsere Schule mit allen Klassen dem Festzuge an, welchen die hiesige Gemeinde von der Wolkensteiner Gasse aus über den Markt zum unteren Kirchplatz unternahm, um der Enthüllung des dort errichteten Lutherdenkmals beizuwohnen. Und abends 7 Uhr beteiligten sich die grösseren unserer Schüler an dem Fackelzug, welcher unter Leitung des allgemeinen Turnvereins sich vom Markt aus zu dem erwähnten Denkmal bewegte.

Am Tage Pauli Bekehrung, den 25. Januar 1884, fand der „Hofmannsche Aktus" statt. Die französische Rede bei demselben hatte der gegenwärtige Kollator der Stiftung, Herr Superintendent Dr. Schmidt allhier, dem Oberprimaner Kunze aus Sehma übertragen, und sprach dieser über das Thema: Comment l'homme a développé ses moyens de communication.

Am Sonntag Septuagesimä, den 10. Februar, beteiligten sich unsere oberen Klassen an dem Festzuge zur Einweihung der restaurierten Hauptkirche, und 8 Tage darauf begann wieder der gemeinschaftliche Besuch des Gottesdienstes.

Die schriftliche Abiturientenprüfung, welche alle fünf Oberprimaner mitmachten, hat vom 1—8. März gedauert; die mündliche ist auf den 21. März festgesetzt; über das Gesamtresultat wird das nächste Programm berichten.

28 Schüler waren im verflossenen Jahre teilweise oder ganz von der Bezahlung des Schulgeldes befreit.

Von den eingegangenen Gesetzen und Verordnungen des Königlichen Ministeriums des Kultus und öffentlichen Unterrichts glaubt der Berichterstatter folgende nennen zu sollen:

1. Generalverordnung vom 10. April, dass am 10. November 1884 der 400jährige Geburtstag Dr. Martin Luthers feierlich begangen werde.

2. Generalverordnung vom $\frac{29.\ April}{6.\ Mai}$ über eine Abänderung des Berechtigungsscheins zum einjährig-freiwilligen Militärdienst.

3. Generalverordnung vom $\frac{28.\ Juni}{4.\ Juli}$, dass die Michaelisferien diesmal mit dem Michaelistag beginnen sollen.

4. Verordnung vom $\frac{18.\ August}{23.\ August}$, dass der Reinhaltung der Gossen etc. besondere Aufmerksamkeit zugewendet werde.

5. Generalverordnung vom 6. November betreffend, das Recht der Bezirksärzte, die Gebäude der Realschulen zu inspizieren.

6. Verordnung vom $\frac{21.\ Dezember}{30.\ Dezember}$, dass bei Gewährung von Schulgelderlassen nicht allein die Dürftigkeit, sondern auch die Befähigung und Würdigkeit der betreffenden Schüler ins Auge zu fassen sind.

7. Gesetz vom $\frac{15.\ Febr.}{10.\ März}$, veränderte Bestimmungen über die Realschulen I. und II. O. betr.

B. Statistische Übersicht.

1. Lehrer.

Das Lehrer-Kollegium bildeten im Schuljahr 1883/84 folgende Lehrer: der Direktor Professor Berlet, die Oberlehrer: Professor Dr. Lindemann, Professor Dr. Wildenhahn, Dr. Schöne, Ruhsam, zugleich Gesanglehrer, Dr. Guericke, Mohr, zugleich Lehrer der Stenographie, Dr. Göpfert, zugleich Bibliothekar, Dr. Krause, Prix, Dr. Krüger, Bartsch, Röselmüller, Dr. Leonhardt, Zeichenlehrer Ronnger, zugleich mit der Erteilung des Turnunterrichts betraut, und der provisorische Oberlehrer Wolf.

2. Schüler.

a. Bestand im Laufe des Jahres.

Bestand nach Ostern 1883	125.
Aufgenommen bei Beginn des Schuljahres . . .	34.
Aufgenommen im Laufe des Schuljahres	4.
Bestand während des ganzen Schuljahres 1883/84	163.
Abgegangen im Laufe des Jahres	14.
Gegenwärtiger Bestand	149.

b. Verzeichnis der aus den oberen und mittleren Klassen abgegangenen Schüler.

Name.	Geburtstag.	Nächste Bestimmung.
Aus Klasse I b.		
Max Schreiber	19. Oktober 1863	unbekannt.
Paul Ficker	11. Oktober 1864	Steuerfach.
Aus Klasse II a.		
Franz Kühne	31. Oktober 1867	Gewerbeschule in Chemnitz.
Friedrich Saupe	22. April 1867	Kaufmannschaft.
Bernhard Meusel	31. Juli 1864	Bahndienst.
Franz Schmidt	5. November 1866	desgl.

Name.	Geburtstag.	Nächste Bestimmung.
Aus Klasse IIb.		
Mit dem Zeugnis zum einjährig-freiwilligen Militärdienste.		
Wilhelm Melzer	19. Oktober 1863	trat als Freiwilliger in das Heer ein.
Felix Richter	17. November 1867	unbekannt.
Ohne das Zeugnis zum einjährig-freiwilligen Militärdienste.		
Friedrich Uhlmann	15. Juli 1867	Kaufmannschaft.
Arthur Beyer.	20. Mai 1867	Kaufmannschaft.
Aus Klasse III.		
Oswald Graser	10. Januar 1869	wird Buchhändler.
Willy Freitag	8. Juni 1867	unbekannt.
Paul Heilmann	27. Dezember 1867	geht auf eine Seemannsschule.
Johannes Pistorius	14. März 1869	Kaufmannschaft.
Hermann Weber	15. April 1869	Kaufmannschaft.

c. Schülerverzeichnis.

Die mit * Bezeichneten sind im Laufe des Schuljahres abgegangen.

Nr.	Namen der Schüler.	Geburtstag.	Stand und Wohnort des Vaters oder Pflegevaters.
	Klasse I.		
	Oberprima.		
1	Ernst Rechenberger	11. Januar 1864	Gerbermeister, Annaberg.
2	Hugo Kunze	22. Oktober 1863	Fabrikbesitzer, Sehma.
3	Paul Mehner	24. Juli 1864	Nadler, Marienberg.
4	Franz Möckel	27. September 1864	Bürgerschullehrer, Annaberg.
5	Emil Scheufler	3. Juli 1864.	Bäckermeister, Chemnitz.
	Unterprima.		
1	Rudolf Fischer	5. Januar 1866	Kaufmann, Buchholz.
2	Hermann Graser	16. November 1866	Buchhändler, Annaberg.

No.	Namen der Schüler.	Geburtstag.	Stand und Wohnort des Vaters oder Pflegevaters.
*	Max Schreiber	19. Oktober 1863	Posamentenfabrikant, Annaberg.
3	Alfred König	26. Oktober 1865	Oberförster, Jöhstadt.
*	Paul Ficker	11. Oktober 1864	Buchbindermeister, Grünhain.
4	Rudolf Rechenberger	10. Januar 1866	Kaufmann, Annaberg.

Klasse II.
Obersekunda.

1	Anton Taubert	11. August 1866	Obersteuerkontroleur, Annaberg.
*	Friedrich Saupe	22. April 1867	Kaufmann, Annaberg †.
2	Friedrich Meischner	1. Oktober 1865	Ökonom, Auerbach.
*	Bernhard Meusel	31. Juli 1864	Ökonom, Obersaida.
*	Franz Schmidt	5. November 1866	Posamentenfabrikant, Annaberg.
3	Otto Voigt	21. September 1867	Postschaffner, Glauchau.

Untersekunda.

1	Max Thümmig	17. Februar 1868	Güterbodenmeister, Annaberg.
2	Bruno Lorenz	5. April 1865	Fabrikbesitzer, Ehrenfriedersdorf.
3	Paul Becker	24. Februar 1868	Kaufmann, Annaberg.
*	Felix Richter	17. November 1867	Korkfabrikant, Buchholz.
4	Hans Schreiber	6. Dezember 1868	Fabrikbes., Kunnersdorf b. Erdm.
5	Paul Rucktäschel	17. August 1868	Ökonom, Penig †.
6	Johannes Berlet	19. März 1866	Pastor prim., Penig.
7	Max Schmiedel	3. Oktober 1866	Posamentenfabrikant, Bärenstein.
8	Arthur Schiebler	6. Juni 1866	Kaufmann, Frankenberg.
9	Karl Rehnert	8. Juli 1865	Ökonom, Wiesa.
10	Hans Swoboda	3. Februar 1870	Fabrikbesitzer, Buchholz.
11	Alfred Hassler	9. Juli 1866	Kaufmann, Annaberg.
12	Franz Eckhardt	5. Oktober 1867	Fabrikbesitzer. Schönfeld †.
13	Arthur Rosenbaum	25. Februar 1868	Bergverwalter, Johanngeorgenstadt.
14	Georg Ruppel	18. Mai 1867	Postdirektor, Annaberg.
15	Otto Saalbach	26. November 1867	Kaufmann, Annaberg.
16	Edwin Vogel	30. April 1867	Handelsmann, Elterlein.
17	Arthur Welcker	20. Mai 1868	Postsekretär, Annaberg.
18	Karl Horn	9. Februar 1868	Fleischermeister, Annaberg.
19	Eduard Bach	16. August 1868	Kaufmann, Buchholz.
20	Arthur Bräuer	12. Oktober 1866	Bezirkstierarzt, Annaberg.
21	Paul Barthol	20. April 1868	Aktuar, Wolkenstein.
22	Hugo Ruppel	7. Januar 1869	Postdirektor, Annaberg.
23	Alfred Wieland	17. Dezember 1864	Kontroleur, Brand b. Freiberg †.

No.	Namen der Schüler.	Geburtstag.	Stand und Wohnort des Vaters oder Pflegevaters.
	Klasse III.		
1	Paul Stöckigt	17. Mai 1868	Kaufmann, Buchholz.
2	Karl Gläser	15. Juli 1866	Maurermeister, Geringswalde.
3	Alfred Reuter	14. August 1866	Posamentenfabrikant, Jöhstadt.
*	Paul Heilmann	27. Dezember 1867	Mühlen- u. Maschinenb., Annaberg.
4	Franz Rochenberger	19. Oktober 1868	Kaufmann, Annaberg.
5	Hermann Lichtenberger	22. November 1865	Leineweber, Kleinneuschönberg.
6	Konrad Schuster	26. August 1868	Fabrikant, Markneukirchen.
7	Bernhard Pässler	7. Februar 1867	Posamentenfabrikant, Krottendorf.
8	Charles Schulz	15. August 1869	Kaufmann, Meerane.
9	Karl Beckert	22. Oktober 1866	Gutsbes., Frankenau b. Mittweida†.
10	Guido Ahner	31. Juli 1866	Spinnereibesitzer, Wolkenstein.
11	Alexander Uhlig	15. September 1867	Baumeister, Annaberg.
12	Oskar Freymann	23. Mai 1870	Dekorationsmaler, Annaberg.
13	Karl Lorenz	12. Juli 1868	Postassistent, Schwarzenberg.
14	Bernhard Bräuer	22. November 1868	Kantor, Arnsfeld.
15	Otto Burkhardt	27. Juni 1866	Ratsregistr., Johanngeorgenstadt.
16	Johannes Römer	7. Juni 1870	Kaufmann, Krimmitzschau.
*	Johannes Pistorius	14. März 1869	Amtsgerichtsaktuar, Annaberg.
*	Hermann Weber	15. April 1869	Kaufmann, Annaberg.
17	Georg Bruhm	6. Februar 1869	Oberförster, Einsiedel b. Chemnitz.
	Klasse IV.		
1	Oskar Weisflog	11. April 1869	Koffertrüger, Annaberg.
2	Franz Ludwig	17. Juli 1871	Kaufmann, Annaberg.
3	Wilhelm Siecke	24. September 1870	Rechtsanwalt, Buchholz †.
4	Paul Uhlmann	14. März 1871	Bürgerschullehrer, Annaberg.
5	Emil Richter	9. September 1869	Kaufmann, Annaberg.
6	Rudolf Suchey	3. Mai 1869	Schnurenfabrikant, Annaberg.
7	Emil Bock	21. Januar 1870	Cartonnagenarbeiter, Buchholz †.
8	Max Taubert	12. August 1869	Obersteuerkontroleur, Annaberg.
9	Karl Meixner	25. Juni 1870	Holzhändler, Annaberg.
10	Paul Zschiesche	24. April 1871	Kaufmann, Annaberg.
11	Bernhard Blechschmidt	28. Juli 1870	Agent, Annaberg.
12	Oskar Schubert	8. April 1870	Posamentiermeister, Annaberg.
13	Oskar Bergelt	27. März 1869	Postschaffner, Annaberg.
14	Hugo Zahn	4. Dezember 1868	Posamentenfabrikant, Annaberg.
15	Max Ahner	19. Oktober 1868	Spinnereibesitzer, Wolkenstein.
16	Paul Franke	22. April 1871	Kaufmann, Schwarzenberg.
17	Fritz Mohr	20. Oktober 1870	Oberlehrer, Annaberg.

No.	Namen der Schüler.	Geburtstag.	Stand und Wohnort des Vaters oder Pflegevaters.
*	Bernhard Schaarschmidt	10. Juni 1869	Viktualienhändler, Annaberg.
18	Alfred Ruther	15. August 1869	Kaufmann, Annaberg.
*	Johannes Enderlein	18. Dezember 1870	Postsekretär, Annaberg.
19	Friedrich Schreiber	4. November 1869	Gasthausbesitzer, Penig.

Klasse V.
Quinta A.

No.	Namen der Schüler.	Geburtstag.	Stand und Wohnort des Vaters oder Pflegevaters.
1	Otto Mohr	26. Dezember 1871	Oberlehrer, Annaberg.
2	Max Lahl	7. April 1871	Weichenwärter, Annaberg.
3	Paul Enderlein	3. Februar 1868	Mühlenbesitzer, H.-U.-Wiesenthal.
4	Bruno Metzner	11. März 1869	Webermeister, Krottendorf.
5	Otto Heeg	18. November 1869	Posamentenfbr., Ehrenfriedersdorf.
6	Karl Hofmann	9. Mai 1867	Gutsbesitzer, Schönbrunn.
7	Ernst Schäfer	7. September 1869	Registrator, Annaberg.
8	Paul Zschiesche	16. Dezember 1870	Kaufmann, Annaberg.
9	Karl Gutberlet	23. Juli 1870	Fabrikbesitzer, Buchholz.
10	Karl Fritzsch	14. März 1872	Postsekretär, Annaberg.
11	Arno Göbel	8. Juli 1870	Gorlfabrikant, Cranzahl.
12	Rudolf Krahl	15. Mai 1871	Posamentier, Annaberg.
13	Kamillo Rössler	9. Oktober 1869	Hauptzollamtsassistent, Annaberg.
14	Max Hübner	6. Dezember 1870	Kaufmann, Annaberg.
15	Paul Reiche	12. August 1869	Fabrikbes., Falkenhorst b. Wolkenst.
16	Bruno Reichelt	24. März 1870	Färbermeister, Annaberg.
17	Rudolf Händler	7. September 1869	Restaurateur, Annaberg.
18	Karl Schneider	22. Februar 1872	Perlwebereibesitzer, Buchholz.
19	Markus Mühlich	1. Dezember 1870	Buchbinder, Annaberg.
20	Ernst Mauersberger	25. Dezember 1869	Bäcker, Annaberg.
21	Johannes Heppe	8. Juni 1871	Prokurist, Buchholz.
22	Max Flügge	6. Februar 1870	Lokomotivenführer, Annaberg.
23	Karl Posern	8. Juni 1870	Hauptzollamtskontrol., Annaberg.
24	Arno Schubert	24. August 1870	Kaufmann, Jöhstadt †.
25	Alfred Oschatz	30. Oktober 1871	Färbereibesitzer, Buchholz.

Quinta B.

No.	Namen der Schüler.	Geburtstag.	Stand und Wohnort des Vaters oder Pflegevaters.
1	Georg Teistler	20. März 1870	Bahnhofsinspektor, Zschopau †.
*	Otto Birenheide	21. Juni 1872	Fabrikdirektor, Buchholz.
2	Rudolf Hartmann	19. Juli 1872	Bürgerschuldirektor, Annaberg.
3	Kurt Kästner	13. März 1869	Vorwerksbesitzer, Ruppendorf bei Dippoldiswalde.
4	Johannes Brunst	13. April 1872	Kaufmann, Lichtenstein †.
5	Arthur Kolbe	26. Dezember 1868	Kistenfabr., Kleinrückerswalde.
6	Richard Stock	28. Oktober 1870	Posamentenfabrikant, Annaberg.

Nr.	Namen der Schüler.	Geburtstag.	Stand und Wohnort des Vaters oder Pflegevaters.
7	Bernhard Siecke	6. Juli 1872	Rechtsanwalt, Buchholz †.
8	Ernst Suchey	29. November 1870	Schnurenfabrikant, Annaberg.
9	Max Büchler	22. August 1870	Kaufmann, Buchholz.
10	Paul Schlegel	3. Mai 1870	Fabrikant, Buchholz †.
11	Lothar Füssel	17. März 1872	Pastor, Annaberg.
12	Gustav Büsewetter	17. Juli 1871	Kaufmann, Annaberg.
13	Kurt Kempe	4. Juli 1871	Postdirektor, Buchholz †.
14	Hermann Schneider	2. März 1871	Perlwebereibesitzer, Buchholz.
15	Alfred Schreiber	8. April 1872	Kaufmann, Annaberg.
16	Kurt Franke	29. Mai 1871	Kaufmann, Buchholz.
17	Oskar Preuss	12. August 1870	Posamentenfabrikant, Buchholz.
18	Karl Schmidt	8. Juli 1870	Superintendent, Annaberg.
19	Georg Schmidt	6. April 1872	Superintendent, Annaberg.
20	Karl Rebentisch	6. Juni 1869	Posamentenfabrikant, Bärenstein.
21	Erich Günther	8. Februar 1870	Apotheker, Wolkenstein.
*	Max Trommer	25. Dezember 1870	Billeteur, Annaberg.
22	Volkmar Decker	23. Januar 1872	Mühlenbesitzer, Frohnau.
23	Otto Lorenz	16. Mai 1670	Mühlenbesitzer, Schmalzgrube.
	Klasse VI.		
*	Max Lohs	19. Oktober 1868	Gutsbesitzer, Steinbach †.
1	Guido Bleyl	6. Oktober 1869	Kaufmann, Neudorf.
2	Paul Vogel	23. Februar 1870	Gutsbesitzer, Mildenau.
3	Gustav Kohl	11. Juni 1870	Tischlermeister, Annaberg.
4	Robert Lehmann	22. Januar 1873	Holzhändler, Annaberg.
5	Otto Flath	26. Dezember 1872	Mühlenbesitzer, Annaberg.
6	Richard Schwarz	14. März 1873	Bäckermeister, Annaberg.
7	Otto Krahl	2. Februar 1873	Posamentenfabrikant, Annaberg.
8	Albin Franke	24. April 1870	Schuhwaarenfbr., Ehrenfriedersdrf.
9	Max Böttger	14. August 1870	Kaufmann, H.-U.-Wiesenthal.
10	Bruno Helbig	2. Oktober 1869	Federkastenfabrikant, Sciffen.
11	Karl Büchler	4. Dezember 1872	Kaufmann, Buchholz.
12	Paul Frisch	9. April 1872	Posamentenfabrikant, Annaberg.
13	Rudolf Schaarschmidt	26. Oktober 1871	Kaufmann, Annaberg.
14	Karl Schulz	14. April 1872	Posamentenfabrikant, Annaberg.
15	Hermann Mann	19. Mai 1870	Gorlfabrikant, Sehma.
16	Paul Götz	23. Juni 1872	Kaufmann, Annaberg.
17	Emil Lange	20. November 1872	Kaufmann, Annaberg.
18	Fritz Graser	30. November 1872	Buchhändler, Annaberg.
19	Konstantin Lorenz	31. März 1872	Mühlenbesitzer, Schmalzgrube.
20	Richard Heppe	11. August 1872	Prokurist, Buchholz.

Nr.	Namen der Schüler.	Geburtstag.	Stand und Wohnort des Vaters oder Pflegevaters.
21	Walther Swoboda	31. August 1873	Kaufmann, Buchholz.
22	Paul Schaarschmidt	15. März 1870	Restaurateur, Schönbrunn.
23	Bruno Martin	15. Juni 1870	Kaufmann, Jöhstadt.
24	Richard Ott	1. März 1871	Bretmühlenbes., Schmalzgrube.
25	Ernst Preuss	28. November 1872	Posamentenfabr., Buchholz.
26	Robert Tauchmann	19. Juli 1871	Schuhwaarenfabrikant, Annaberg.
27	Otto Lindner	26. Februar 1871	Posamentier, Annaberg.
28	Karl Ebert	27. Mai 1871	Kaufmann, Elterlein.
29	Franz Strach	9. August 1871	Posamentenfabrikant, Pressnitz.
30	Oswald Fritzsch	2. Januar 1871	Kaufmann, Pressnitz.

Progymnasium.

Klasse I.

1. Wilhelm Siecke siehe Klasse IV. No. 3.

Klasse II.

1. Rudolf Hartmann siehe Klasse V. No. 2.
2. Karl Schmidt „ „ „ „ 18.
3. Georg Schmidt „ „ „ „ 19.

3. Lehrmittel.

1. An Zeitschriften auf 1883 wurden gehalten: Strack, Centralorgan für die Interessen des Realschulwesens. Wiedemann (Poggendorf), Annalen der Physik und Chemie. Petermann, Geographische Mitteilungen. Fleckeisen-Masius, Neue Jahrbücher für Philologie und Pädagogik. Schlömilch, Zeitschrift für Mathematik und Physik. Herrig, Archiv für die neuern Sprachen und Litteraturen. Gesetz- und Verordnungsblatt für das Königreich Sachsen. Reichsgesetzblatt. Dittes, Pädagogischer Jahresbericht. Statistisches Jahrbuch für höhere Schulen.

2. Fortsetzungen grösserer Werke: Herzog-Plitt, Realencyclopädie für protestantische Theologie. C. A. Schmidt, Encyclopädie des gesamten Erziehungs- und Unterrichtswesens. Pertz, Geschichtsschreiber der deutschen Vorzeit. Topographische Karte des Königreichs Sachsen. Geologische Spezialkarte des Königreichs Sachsen. Verhandlungen der Direktorenversammlungen in den Provinzen des Königreichs Preussen. Reymann, Spezialkarte von Central-Europa.

3. Ausserdem wurden angekauft a) für die Lehrerbibliothek: Peters, J. B., Materialien zu französischen Klassenarbeiten. Simony, F., Gletscher-Phänomene, begleitender Text zu dem gleichnamigen Bilde. Bänitz, C., Der naturwissenschaftliche Unterricht in gehobnen Lehr-

anstalten. Schellen, K., Der elektromagnetische Telegraph. Wagner (Behm), Geographisches Jahrbuch. Apelt, O., Der dentsche Aufsatz in der Prima des Gymnasiums. Müller, A., Volkslieder aus dem Erzgebirge. Bliedner, A., Schiller-Lesebuch. Gude, C., Erläuterungen dentscher Dichtungen. 5. Reihe. Meyers Konversations-Lexikon, Supplement. Leuchtenberger, G., Dispositionen zu dentschen Aufsätzen und Vorträgen, 2 Bde. Erzgebirgszeitung red. v. Wegmann 1882. Brosey: Ffhrer durch Tharandt. Verhandlungen des 2. Geographentages zu Halle. Gross, P., Die Tropen und Figuren. Benselor, G., Weihnachten vor Paris. Bobertag, F., Gesichte Philanders von Sittewald. Dibelius, Fr., Gottfried Arnold. Sein Leben und seine Bedeutung. Krück, M., Zur Geschichte der bairischen Realgymnasien und zum Schutze derselben. Illustrierte Zeitung: Festnummer znr 200jährigen Befreiung Wiens, zur Einweihung des Nationaldenkmals auf dem Niederwalde und Luthernummer. 6 Blätter der östr. Generalstabskarte. Neudrucke deutscher Litteraturwerke des 16. und 17. Jahrhunderts. Andresen, K. G., Konkurrenzen in der Erklärung deutscher Geschlechtsnamen. Kleinpaul, R., Rom in Wort und Bild, 2 Bde. Köstlin, J., Luthers Leben. Kants Werke ed. v. Hartenstein, 8 Bde. Villatte, C., Parisismen. Ranke, L. v., Weltgeschichte, I und II. Buckle, H. Th., Geschichte der Civilisation in England, 2 Bde. La Place, Mechanik des Himmels, übersetzt von Bnrckhardt. Pape, W., deutsch-griechisches und griechisch-dentsches Handwörterbuch. Arnold, W., Ansiedelungen und Wanderungen deutscher Stämme. Ders, deutsche Urzeit. Schmidt, A., Lexikon zu Shakespeares Worken, 2 Bde. Lübker, F., Reallexikon des klassischen Altertums. Treitschke, H. v., dentsche Geschichte im 19. Jahrhundert. Dodel-Port, A., illustr. Pflanzenleben. Schellen, H., die Spektralanalyse, 2 Bde. mit Atlas. Hann, J., Handbuch der Klimatologie. Birch-Hirschfeld, die Bedeutung der Muskelübungen für die Gesundheit. Barth, Mich., Annaeberga Poema. Ausführliche Beschreibung des Fichtelberges, Leipzig 1716. Chytraous, D., Saxonia ab anno 1500. Heinrich, Chr. G., Handbuch der sächs. Geschichte, 2 Teile. Krantz, A., Saxonia, Leipzigk 1563. Antonius Landi, Regierungsgeschichte der Fürsten aus dem alten Hause Sachsen. Pölitz, K. H. L., die Geschichte des Königreiches Sachsen. Freibergs Berg- und Hüttenwesen, herausgeg. vom Bergmännischen Verein zu Freiberg. Bein, L., die Industrie des sächsischen Voigtlandes, I. T. Clauss, K. W., Führer anf der Fahrt durch das Weisseritzthal. Römpler, H. F., Rautenblätter. Pöschel, J., eine erzgebirgische Gelehrtenfamilie. Rüsch, H., Glück auf! Ein Jahrbuch für das Erzgebirge. Fiedler u. Blochwitz, der Ban des menschlichen Körpers. Gödeke, C., Göthes Leben und Schriften. Philalethes, Dantes göttliche Komödie. Das neue Landesgesangbuch.

b) für die Schülerbibliothek: Klöden und Oberländer, Deutsches Land und Volk, 7. und 8. Bd. Rein, W., das Leben Dr. Martin Luthers. Glaubrecht, O., Erzählungen aus dem Hessenlande. Rossegger, K. P., Geschichten ans Steiermark; stille Geschichten, lustige Geschichten. Meyer, J, poetisches Vaterlandsbuch. Thieme, E., die wittenbergische Nachtigall. Illustrierte Zeitung: Luther-Nummer. Lenz, M., Martin Luther, Festschrift. Köstlin, J., Martin Luther. Weber, E., Dr. M. Luther. Festschrift. Scheffel, J. V. v., Eckehardt. Rösch, H., Glück auf! Ein Jahrbuch fürs Erzgebirge. Riehl, W. H. v., gesammelte Geschichten und Novellen, 2 Bde. Deutsche Jugend, herausgeg. v. Lohmeyor. Vilmar, A. F., Geschichte der deutschen Litteratur. Volz, B., Henry M. Stanleys Reise durch den dunklen Welttoil. Vilmar, A. F. (Piderit), Lebensbilder deutscher Dichter.

Für den natnrwissenschaftlichen Unterricht wurden erworben: eine dynamo-elektrische Maschine für Handbetrieb, ein Wassergebläse, eine Wasserluftpumpe ans Glas, ein

Apparat zur Gasanalyse nach Winkler, ein Mikroskop mit Polarisationsapparat, Zeichenprisma, Mikrometer, ein Anlegegoniometer, eine zweistiefelige Luftpumpe, ein Funkeninduktor, vier Croakas'sche Röhren, eine Influenzmaschine, zwei Fauresche Sekundärelemente, zwei Inkompdescenzlampen, ein Regulator nach Stöhrer und Kohlenspitzen, ein Foucaultsches Pendel, ein Visierinstrument, ein Tangentenboussole, ein Rheostat, ein Spektroskop à vision directe.

4. Geschenke.

a. Vom Königlichen Ministerium des Kultus und öffentlichen Unterrichts: 50 Stück Dissertationen und Habilitationsschriften und 6 Schulprogramme.

b. Vom Königlichen Ministerium des Innern: Zeitschrift des statistischen Bureaus. Jahrgang XXVIII.

c. Vom Königlich Sächsischen meteorologischen Institut: Jahrbuch des Instituts für 1883. 1. Lieferung.

d. Von der öffentlichen Bibliothek zu Annaberg: Katalog der Bibliothek.

e. Vom Direktorium der landwirtschaftl. Winterschule zu Annaberg: Erster Jahresbericht.

f. Vom Annaberg-Buchholzer Verein für Naturkunde: Sechster Jahresbericht.

g. Von Herrn Georg Bodemer in Dresden: Die 50jährige Jubelfeier des pädagogischen Vereins zu Dresden.

h. Von Herrn Kommerzienrat Adler in Buchholz: Funcke, O., St. Paulus zu Wasser und zu Land.

i. Von den Herren Verfassern: Krause, O., Bericht über die Revision des städtischen Wasserwerks zu Annaberg. Voigt, E., Bericht über die Verwaltung und den Stand der Gemeindeangelegenheiten der Stadt Annaberg vom Jahre 1882. Göpfert, R., die Entwickelung des Postwesens in Zittau.

k. Von der Verlagsbuchhandlung: Schlömilch, O., Grundzüge einer wissenschaftlichen Darstellung der Geometrie des Masses. Thibaut, Nouveau Dictionnaire français-allem. et allem.-franç. Abicht, K., Lesebuch aus Sage und Geschichte, 2 Tle.

l. Von Herrn Kaufmann Büchler in Buchholz: gediegenes Gold aus Transvaal.

Allen freundlichen Gebern dieser Geschenke spricht der Berichterstatter im Namen der Schule den besten Dank aus.

C. Lehrplan.

a. Realschule.

Klasse VI.

Klassenlehrer: Oberlehrer Ruhsam.

Religion. a. Katechismus. Das erste Hauptstück ausführlich behandelt, das zweite und dritte verbal erklärt; die drei ersten Hauptstücke, 100 biblische Sprüche und 12 Gesangbuchlieder memoriert. b. Biblische Geschichte. Die dem Standpunkte der Klasse entsprechenden biblischen Geschichten des alten Testaments vorerzählt und von den Schülern nacherzählt, und einige Geschichten des neuen Testaments katechetisch behandelt. c. Bibellesen. Einige Kapitel aus dem Evangelium des Matthäus, Lukas, Markus und Johannes, mehrere Kapitel aus der Apostelgeschichte, einige Psalmen und geeignete Abschnitte aus den Geschichtsbüchern des alten Testaments. Auf kurze mündliche Wiederholung des Inhalts und Erklärung schwer verständlicher Stellen wurde gesehen. 3 St. Ruhsam.

Deutsch. a. Lesebuch. Die für den Standpunkt der Klasse geeigneten Stücke, mit hauptsächlicher Bezweckung der Lesefertigkeit und richtigen Betonung. b. Mündliche Übungen. Der Inhalt der meisten Lesestücke wurde von den Schülern kurz wiedergegeben oder übersichtlich gruppiert; ausserdem je monatlich ein Gedicht aus dem Lesebuch gelernt. c. Grammatik. Ganz durchgenommen, erläutert durch viele mündliche und schriftliche Beispiele, auch repetitionsweise und zusammengefasst an einzelnen Lesestücken. d. 40 schriftliche Arbeiten. e. Orthographische Übungen. 4 St. Ruhsam. 2 St. Der Direktor.

Lateinisch. Regelmässige Formenlehre: Deklinationen, Hilfszeitwort esse, 1., 2. und 3. Konjugation, Komparation, Zahlwörter, Pronomina, im Anschluss an Meurers Lesebuch. Wöchentliche Exerzitien oder Extemporalien. 8 St. Röselmüller.

Geographie. Im S. Heimatskunde von Annaberg zur Gewinnung von Grundbegriffen der physikal. Geographie. Im W. die Fundamentalsätze der mathematischen Geographie und die Verteilung von Wasser und Land auf der Erde, unter fortwährender Benutzung des Induktionsglobus. Geographie von Deutschland nach Stössners Elementen, Kursus I. Einüben durch Vorzeichnen an der Wandtafel und durch Extemporalien, sowie durch die Fragen zu Cursus I. 2 St. Bartsch.

Geschichte. Alte Geschichte in Geschichtsbildern nach Kursus I. 2 St. Bartsch.

Naturbeschreibung. Im S. Botanik. Besprechung von 24 Pflanzen, die als Repräsentanten der einheimischen Flora dienten und zu einem Herbarium vereinigt wurden. Im W. Zoologie. Bis Weihnachten Anthropologie, von da ab Beschreibung von Repräsentanten aus den Wirbel- und Gliedertieren, die aus der Naturaliensammlung den Schülern vorgeführt wurden; Zusammenfassen der besprochenen Säugetiere und Vögel in ein System. 2 St. Ruhsam.

Rechnen. Ruhsam, Kursus I bis Aufgabe 450, mit besonderer Berücksichtigung des neuen Mass-Gewichts- und Münzsystems. Übungen im Kopfrechnen. Wöchentliche Hausaufgaben, bisweilen Extemporalien. 4 St. Ruhsam.

Freihandzeichnen. Die regelmässigen Polygone und der Kreis. Sämtliche Figuren wurden zu ornamentalen Formen, Rosetten und Sternformen umgestaltet und koloriert. 2 St. Ronnger.

Schönschreiben. Die kleinen und grossen Buchstaben deutscher und lateinischer Schrift wurden in genetischer Reihenfolge eingeübt und dann in Wörtern und Sentenzen angewendet. In jeder Stunde 10 Minuten Taktschreiben. 2 St. Ruhsam.

Singen. Noten und andere musikalische Zeichen; Treff- und Stimmübungen (Dreiklänge, Tonleiter, Intervalle); 40 Choräle wurden einstimmig so eingeübt, dass sie ohne Choralbuch gesungen werden können; ausserdem wurden 16 Lieder ein-, zwei- und dreistimmig aus dem Liederbuch von Damm eingeübt. Die besseren Sänger gehörten dem Singchor an. 1 St. Ruhsam.

Turnen. Exerzier-, Frei- und Ordnungsübungen; leichtere Apparatübungen. 2 St. Ronnger.

14

Klasse VA.
Klassenlehrer: Oberlehrer Wolf.

Religion. a. Katechismus. Repetition des ersten, ausführliche Erklärung des zweiten Hauptstückes; Worterklärung der übrigen Hauptstücke. b. Biblische Geschichten des neuen und Wiederholung der des alten Testaments. c. Memorieren von 12 Kirchenliedern und 150 Bibelsprüchen. d. Bibellesen. Einige Kapitel aus den Evangelien und der Apostelgeschichte; mehrere Psalmen und einige Abschnitte aus den Geschichtsbüchern des alten Testaments. 3 St. Ruhsam.

Deutsch, a. Lesen. Prosastücke und Gedichte epischen Inhalts gelesen, sachlich erläutert, logisch wie grammatisch zergliedert und teils mündlich, teils schriftlich reproduziert. b. Grammatik. Die Wortlehre und die Satzlehre bis zum zusammengesetzten Satze. c. Aufsätze und d. Diktate wurden aller 14 Tage niedergeschrieben, letztere meist im Anschluss an ein Lesestück. e. Deklamieren. Die Klasse lernte 12 vorher besprochene Gedichte aus dem Lesebuch. 4 St. Bartsch.

Lateinisch. Repetition des Sextapensums. Regelmässige und unregelmässige Formenlehre nach Meurer I und II, Abschnitt 1—17; mündliche und schriftliche Übersetzungen, wöchentliche Spezimina oder Extemporalia. 5 St. Wolf.

Französisch. Plötz, Elementargrammatik § 1—84. Wöchentliche schriftliche Übungen. 6 St. Krüver.

Geographie. Im Anschluss an Kursus II wurden die einzelnen Länder Europas in physikalischer und politischer Hinsicht behandelt. Eingeübt wurde der Stoff durch Vorzeichnen an der Wandtafel, durch Nachzeichnen seitens der Schüler und durch Kartenextemporalien. 2 St. Bartsch.

Geschichte. Von der Völkerwanderung bis zur ersten französischen Revolution nach Kursus I. 2 St. Wolf.

Naturbeschreibung. Im S. Botanik. Bestimmung von ca. 40 Pflanzen; Einreihung derselben in die natürlichen Familien. Im W. Anthropologie; dann Besprechung der 3 ersten Klassen der Wirbeltiere. 2 St. Mohr.

Rechnen. Wiederholung des Sextapensums. Die gemeinen und die Dezimalbrüche, die vier Spezies mit denselben. Wöchentlich ein Extemporale. 4 St. Mohr.

Freihandzeichnen. Das konstruktive Flächenornament entwickelt aus dem Quadrat, Dreieck, Achteck und Sechseck. Alle Arbeiten koloriert. 2 St. Ronnger.

Schönschreiben. Einübung der deutschen und lateinischen Schrift in Wörtern und Sätzen. 2 St. Wolf.

Singen. Kombiniert mit Kl. VI. 1 St. Ruhsam.

Turnen. Exerzieren und Aufreihen zu gleichen und ungleichen Reihen. Aufmärsche. Freiübungen. An den Apparaten die leichteren Stufen. 2 St. Ronnger.

Klasse VB.
Klassenlehrer: Oberlehrer Dr. Krüger.

Religion. Kombiniert mit VA. 3 St. Ruhsam.
Deutsch. Wie VA. 4 St. Wolf.
Lateinisch. Wie VA. 5 St. Krüger.
Französisch. Wie VA. 6 St. Wildenhahn.
Geographie. Wie VA. 2 St. Bartsch.
Geschichte. Wie VA. 2 St. Wolf.
Naturbeschreibung. Wie VA. 2 St. Krause.
Rechnen. Wie VA. 4 St. Leonhardt.
Freihandzeichnen. Wie VA. 2 St. Ronnger.
Schönschreiben. Wie VA. 2 St. Ronnger.
Singen. Kombiniert mit VI. 1 St. Ruhsam.
Turnen. Kombiniert mit VI. 2 St. Ronnger.

Klasse IV.
Klassenlehrer: Oberlehrer Röselmüller.

Religion. a. Katechismus. Repetition der beiden ersten, ausführliche Erklärung des dritten, vierten und fünften Hauptstückes. b. Bibellesen. Das Leben Jesu nach den Evangelien, mit besonderem Anschluss an das Matthäus-Evangelium. c. Memorieren von Bibelsprüchen und früher gelernten Kirchenliedern. 3 St. Bartsch.

Deutsch. a. Grammatik. Satzlehre; Lehre vom Gebrauch der Zeitformen und Redeweisen des Verbs; Anfänge der Periode; Satzfiguren. b. Lektüre. Erklärung poetischer und prosaischer Musterstücke aus dem Lesebuche. c. Deklamierübungen alle 8 Tage. d. Orthographische Übungen. e. 14 deutsche Arbeiten. 4 St. Krause.

Lateinisch. a. Grammatik. Repetition und Erweiterung des Pensums von Quinta, die unregelmässigen Verba, einzelne Regeln der Syntax aus Ostermann für Quarta. b. Wöchentliche Spezimina und Extemporalia. 4 St. Guericke.

Französisch. a. Grammatik. Repetition des Pensums für Quinta und die unregelmässigen Verben; die transitiven und intransitiven, die reflexiven und unpersönlichen Verben im Anschluss an Plötz II, Lekt. 1 bis 28. Wöchentliche Abgabe der Exerzitien oder Extemporalien. b. Lektüre aus der Chrestomathie von Plötz. c. Einige Gedichte und Fabeln wurden memoriert, ebenso Vokabeln aus dem Vokabular. 7 St. Röselmüller.

Geographie. Mathematische Geographie nach Kursus II. Geographie der aussereuropäischen Kontinente nach Kursus II und zum Teil III. Einübung durch Vorzeichnen an der Wandtafel und durch Kartenextemporalien, sowie durch die Fragen zu Cursus II. 2 St. Göpfert.

Geschichte. Neueste Geschichte nach Kursus I, alte Geschichte nach II. 2 St. Bartsch.

Naturbeschreibung. a. Im S. Botanik. Übungen im Pflanzenbestimmen; die Grundlage der Systematik. b. Im W. Zoologie. Anthropologie; Repetition der Wirbeltierklassen; ausführliche Besprechung der Insekten, der Spinnen, Krustentiere und Würmer. 2 St. Mohr.

Rechnen. Repetition der gemeinen Brüche und der Dezimalbrüche; das abgekürzte Rechnen mit letzteren; die einfachen und zusammengesetzten Proportionen in verschiedenen Anwendungen. Extemporalien. 4 St. Prix.

Geometrie. Planimetrie bis zu den Flächen nach Wiegand K. I; zahlreiche Aufgaben aus Wiegands Formenlehre. 2 St. Leonhardt.

Freihandzeichnen. Das dekorative Flächenornament entwickelt aus der Spirale; Zeichnen nach Stabmodellen, später nach Vollkörpern. 2 St. Roanger.

Schönschreiben. Die deutsche und lateinische Schönschrift in genetischer Reihenfolge des Alphabets und später in Sprichwörtern. Monatlich eine Probeschrift. 1 St. Roanger.

Singen. Kenntnis der musikalischen Zeichen und der Tonarten; Treff- und Stimmübungen; 40 Choräle und 20 Volks- und Vaterlandslieder wurden im vierstimmigen Männerchor eingeübt. Kenntnis der Bassnoten. Kombiniert mit den Nichtchoristen in III, II und I. 1 St. Ruhsam.

Turnen, Exerzieren; Aufmärsche zum Viereck und Kreuz mit Freiübungen. Übungen an den Apparaten; die mittleren Stufen. 2 St. Roanger.

Klasse III.
Klassenlehrer: Oberlehrer Mohr.

Religion. Die christliche Glaubens- und Sittenlehre. 1. Hälfte. Lektüre: Die Reden Jesu. 2 St. Bartsch.

Deutsch. Im S. Lesebuch. im W. Wallenstein. Repetition der Satzlehre; die Anfänge der Prosodie und Metrik. 12 schriftliche Arbeiten. Deklamieren. 4 St. Mohr.

Lateinisch. a. Grammatik. Repetition des früheren Pensums. Kasuslehre und die Hauptregeln der übrigen Syntax. b. Lektüre. Wellers Livius. Wöchentliche Skripta oder Extemporalia. 4 St. Guericke.

Französisch. Grammatik nach Plötz II bis Lektion 50. Lektüre aus Plötz' Chrestomathie. Wöchentliche Arbeiten. Extemporalien. Memorieren aus dem kleinen Vokabular und aus der Chrestomathie von Plötz. 4 St. Leonhardt.

Englisch. a. Grammatik. Gesenius I, Kap. I—XXIV. b. Mündliche und schriftliche Übersetzung des dritten Abschnittes (Erste Reihe). Abwechselnd Skripta (alle 14 Tage), Extemporalia und Diktate. c. Gelesen: The Story of Macbeth. Eine Reihe von Gedichten übersetzt. Memorier- und Sprechübungen. 4 St. Guericke.

Geographie. Spezielle Geographie von Deutschland, physikalisch und politisch. Nach Stössners Kursus III, der zu einem IV. Kursus erweitert wurde. Vorzeichnen an der Wandtafel. Extemporalien. 2 St. Göpfert.

Geschichte. a. Geschichte des Mittelalters nach Kursus II. b. Sächsische Geschichte bis zur Reformation. 2 St. Krüger.

Naturbeschreibung. a. Im S. Botanik. Besprechung der hauptsächlichsten Pflanzenfamilien. b. Im W. Zoologie. Repetition der Anthropologie. Besprechung der Weichtiere und Strahltiere. 1 St. Mohr.

Rechnen. Repetition der vier Spezies, der gemeinen und Dezimalbrüche; Kettensatz und Proportionen Kurs- und Diskontorechnung, Mischungsrechnung. 2 St. Mohr.

Geometrie. Flächenvergleichung. Sätze über Zentri- und Peripheriewinkel; geometrische Proportionen; Flächeninhalt und Ähnlichkeit der Figuren. Lösung von Aufgaben. 3 St. Mohr.

Algebra. Die vier Spezies mit Buchstaben; Ausziehen von Quadratwurzeln. Gleichungen des ersten Grades. 2 St. Mohr.

Freihandzeichen. Zeichnen beleuchteter Körper als der Kugel, des Prismas, des Kegels, der Walze und verschiedener Gipsornamente. 2 St. Ronnger.

Stenographie (fakult.). Elementarkursus nach dem Lehrbuch von Albrecht. 2 St. Mohr.

Singen. Kombiniert mit Klasse IV. 1 St. Ruhsam.

Turnen. Exerzier- und Freiübungen: zweite Stufe. Übungen an den Apparaten. 2 St. Ronnger.

Klasse IIb. (Untersekunda).

Klassenlehrer: Oberlehrer Dr. Göpfert.

Religion. Christliche Glaubons- nud Sittenlehre. 2. Hälfte. Lektüre. Ausgewählte Abschnitte aus den Lehr- und prophetischen Büchern. 2 St. Bartsch.

Deutsch. a. Lektüre und Erläuterung verschiedener Gedichte, insbesondere von Schiller; grössere Abschnitte aus Hallers Alpen, dem Messias, dem Oberon; ausserdem kleinere Prosaabschnitte und Gedichte als Proben zur Litteraturgeschichte. b. Litteraturgeschichte von Luther bis Göthe in 30 ausgewählten Litteraturbildern und Charakteristiken von Dichtern dieses Zeitraums. c. Prosodie und Metrik. Im engsten Anschluss an Lektüre und Litteraturgeschichte wurden die verschiedenen Vers-, Reim- und Strophonformen, sowie die hauptsächlichsten Dichtungsarten behandelt und zuletzt in einer übersichtlichen Zusammenstellung von Musterbeispielen schriftlich fixiert. d. Wöchentliche Deklamationen und Vorträge. 3 St. Göpfert. e. 10 schriftliche Arbeiten. 1 St. Der Direktor.

Lateinisch. a. Grammatik. Repetition der gesamten Etymologie; Syntax der Kasus; das Wichtigste aus der Tempuslehre; Lehre vom Indikativ und Konjunktiv in unabhängigen Sätzen nach Ellendt-Seyfert und Ostermanns Übungsbuch für Tertia. b. Lektüre. Ausgewählte Stücke aus Cäsars bell. Gallic. lib. V, 1—40. c. Spezimina und Extemporalia; in der Regel alle 14 Tage. 4 St. Guericke.

Französisch. a. Plötz, Lekt. 51—69. b. In Plötz' Manuel gelesen: La Fontaine (Fabeln), Toepffer (Le lac de Gers), Bernardin de Saint-Pierre (Paul et Virginie), Buffon (Histoire naturelle), Mme. de Staël (Dix années d'exil), Erckmann-Chatrian (Le Blocus). c. Abgabe der Hefte alle 14 Tage. Extemporalien. d. Memorieren. Aus Plötz' grossem Vokabular Nr. I.—VI. Deklamationen. Sprechübungen. 4 St. Leonhardt.

Englisch. a. Grammatik: Repetition des Gesenius I, dann Gesenius II, Kapitel I—III. b. Schriftliche Übersetzung der grammatischen Übungsstücke. Abgabe der Hefte alle 14 Tage. Extemporalien. Memorier- und Sprechübungen. Vokabeln aus Gräser. c. Lektüre. Ausgewählte Stücke aus Herrig. 3 St. Leonhardt.

Geographie. Repetition der Geographie von Deutschland. Spezielle Geographie von Belgion, Holland, der Schweiz, Österreich, Norwegen, Schweden, Dänemark und England. Das System der Alpen. Repetition und teilweise Erweiterung der mathematischen Geographie. Stetes Vorzeichnen an der Wandtafel. Extemporalien. 2 St. Göpfert.

Geschichte. Neue Geschichte vom 30jährigen Krieg bis zur Gegenwart (nach Kursus II). 2 St. Krüger.

Physik. Einleitung in die wichtigsten Kapitel der Physik. 3 St. Krause.

Mineralogie. Erläuterung der zum Verständnis notwendigen chemischen Grundbegriffe; Krystallographie in gedrängter Übersicht; Systematik und Demonstration der wichtigsten Mineralien. 1 St. Krause.

Rechnen. Repetition; Zins-, Kurs-, Diskonto- und Mischungsrechnung (nach Kursus III). 2 St. Mohr.

Algebra. Potenzen und Wurzeln. Gleichungen ersten Grades mit einer und mehreren Unbekannten; leichtere Gleichungen zweiten Grades. Häusliche Arbeiten und Extemporalien. 2 St. Prix.

Geometrie. Beendigung der Planimetrie. Lösung planimetrischer Aufgaben. Einleitung zur Stereometrie. 2 St. Prix.

Geometrisches Zeichnen. Konstruktion geometrischer Aufgaben. Massstäbe. Cykloiden. 1 St. Prix.

Freihandzeichnen. Zeichnen nach plastischen Ornamenten. 2 St. Ronnger.

Stenographie (fakult.). Übungskursus. 2 St. Mohr.

Singen. Kombiniert mit Klasse I. Im S. 2 St., im W. 1 St. Ruhsam.

Turnen. Kombiniert mit IIa., Ib und Ia. 2 St. Ronnger.

Klasse IIa. (Obersekunda).
Klassenlehrer: Oberlehrer Dr. Krause.

Religion. Die hauptsächlichsten Unterscheidungslehren der katholischen und der evangelischen Kirche und der wichtigsten protestantischen Sekten. Erklärung der Augsburgischen Konfession. Lektüre und Erklärung der Apostelgeschichte. 2 St. Röselmüller.

Deutsch. a. Litteraturgeschichte. Von den Anfängen der deutschen Litteratur bis zur Reformation mit besonderer Hervorhebung der deutschen Heldensage und der kunstmässigen Lyrik. b. Lektüre. Lesen und Erklären der in Viehoffs Handbuch gebotenen Proben zur Litteraturgeschichte. Das Nibelungen- und Gudrunlied, Parzival, der arme Heinrich, verschiedene Lieder Walthers in nhd. Übersetzung, sowie einige Stücke von Hans Sachs nach der Auswahl von Gude. c. Wöchentliche Deklamationen oder Vorträge, verbunden mit Besprechungen und Übungen im Protokollieren. d. Häusliche Arbeiten. 12 Aufsätze. 3 St. Göpfert.

Lateinisch. Tempora und modi. Gelesen: Cäsar, b. G. lib. V 1—12 und I, 1—30). Wöchentliche Skripta oder Extemporalia. 3 St. Guericke.

Französisch. a. Plötz § 70 bis zu Ende. b. In Plötz' Manue gelesen: Bruchstücke von Corneille, V. Hugo, Bernardin de Saint-Pierre, Buffon, Delille, Vigny. Zur Privatlektüre, die monatlich kontrolliert wurde: Novellen von Legouvé und Bouilly. c. Schriftliche Übungen, abwechselnd zu Haus und in der Klasse gefertigt. d. Memorieren aus Plötz' grossem Vokabular. Von jedem Schüler zw ei Deklamationen. 3 St. Wildenhahn.

Englisch. a. Grammatik. Gesenius II, Kap. IV—IX. b. Übersetzung der grammatischen Übungsstücke; alle 14 Tage Abgabe der Hefte. Extemporalien. Vokabeln aus Grüser. c. Lektüre. Aus Herrig, First English Reading Book und einiges aus Irving. Im Anschluss an die Privatlektüre Sprechübungen. 3 St. Leonhardt.

Geographie. Spezielle Geographie von Frankreich, Spanien und Portugal, Italien, der türkisch-griechischen Halbinsel und Russland. Am Schluss Europa in zusammenhängender Darstellung. Geographie von Nordamerika. Stetes Vorzeichnen an der Wandtafel. Extemporalien. 2 St. Göpfert.

Geschichte. Alte Geschichte nach Kursus III. 2 St. Krüger.

Physik. Elektrizität. Schall. 2 St. Krause.

Chemie. Die Nichtmetalle. 2 St. Krause.

Naturbeschreibung. a. Physiologie. Die Aufnahme, die Zirkulation und die Ausscheidung von Stoffen durch Pflanze und Tier. b. Mineralogie. Die physikalischen Eigenschaften der Mineralien; ausführliche Behandlung der Krystallographie. Systematik. Besprechung der einzelnen Spezies. 2 St. Krause.

Algebra. Repetition der Gleichungen ersten Grades mit einer und mehreren Unbekannten; Gleichungen 2. Grades; reziproke Gleichungen. Die Logarithmen. Exponentialgleichungen. Extemporalien und häusliche Arbeiten. 2 St. Prix.

Geometrie. Ebene Trigonometrie und erste Hälfte der Stereometrie. Lösung planimetrischer und trigonometrischer Aufgaben. Konstruktion linearer algebraischer Ausdrücke. 3 St. Lindemann.

Projektionslehre. Projektion begrenzter Flächen unter verschiedener Neigung gegen die Projektionsebenen. Projektivische Verwandtschaft. 2 St. Prix.

Freihandzeichnen (fakult.). Kombiniert mit Ib und Ia. 2 St. Ronnger.

Singen. Kombiniert mit Klasse I. Im S. 2 St., im W. 1 St. Ruhsam.

Turnen. Kombiniert mit Ib und Ia. 2 St. Ronnger.

Klasse Ib. (Unterprima).
Klassenlehrer: Professor Dr. Lindemann.

Religion. Kirchengeschichte von der Apostelzeit bis zum Ende der Reformation. 2 St. Röselmüller.

Deutsch. a. Litteraturgeschichte von 1525 bis Herder einschliesslich. b. Neun Aufsätze. Von jedem Schüler Deklamationen und freie Vorträge. c. Stilistik. Stillehre in Beispielen, ausführlicher die Dispositionslehre. Einiges aus der Metrik. d. Lektüre. Göthes Hermann und Dorothea; Luthers Schrift: „An den christlichen Adel deutscher Nation"; grössere Abschnitte aus Prosaschriften von Lessing und Göthe. 3 St. Göpfert.

Lateinisch. a. Syntax, eingeübt durch mündliche und schriftliche Übersetzung ins Lateinische au

Ostermann III. Wöchentliche Exerzitien und Extemporalien. b. Lektüre. Cäsar b. G. VI. u. VII.; Sallust Jugurtha. 3 St. Schöne.

Französisch. a. Lektüre. Manuel: Stücke von Florian, X. de Maistre, Racine, Thierry, Michelet, Guizot, Voltaire, Ségur (le père), Barante. Zur Privatlektüre, die monatlich kontrolliert wurde: Palland, Alladdin. b. Übersetzungen aus Gruner. c. Freie französische Arbeiten, Exerzitien, von jedem Schüler 2 freie Vorträge und 2 Deklamationen. Abschnitte aus dem Vokabular. Monatlich Repetition der Grammatik. Litteraturgeschichte bis Racine. 3 St. Wildenhahn.

Englisch. a. Grammatik. Gesenius II. Repetition des I. Kursus von Gesenius (in engl. Sprache). b. Freie Arbeiten. Übersetzungen. Extemporalien. Freie Vorträge. Deklamationen. c. Lektüre. Captain Marryat: The Settlers in Canada. d. Phraseologie nach Löwe. e. Synonymik nach Klöpper. 4 St. Lindemann.

Geographie. Spezielle Geographie von Nordamerika, Afrika, Australien und Asien (zum Teil). Stetes Vorzeichnen an der Wandtafel. Extemporalien. 2 St. Göpfert.

Geschichte. Sächsische Geschichte. — Mittlere Geschichte nach K. III; Repetition derselben nach K. I u. II. Memorieren von Geschichtstabellen. 2 St. Der Direktor.

Naturbeschreibung. Im S. Botanik. Wiederholung aus der Morphologie und Systematik. Genaue Beschreibung von 12 exotischen, technisch wichtigen Pflanzen. Übungen im Pflanzenbestimmen. Einiges aus der Physiologie. 1 St. Ruhsam. Im W. Geologie. 1 St. Mohr.

Physik. Mathematische Behandlung der Mechanik bis zu den Keplerschen Gesetzen. Lösung von Aufgaben. 2 St. Lindemann.

Chemie. Die anorganischen Salze. Theoretisches über die Salze, ihre Herstellung und technische Verwendung. Stöchiometrie. 2 St. Krause.

Algebra. Repetition der früheren Pensa. Schwierigere quadratische Gleichungen. Reziproke Gleichungen des 3. und 4. Grades. Logarithmische Gleichungen. Trigonometrische Lösung der Gleichungen 2. Grades; arithmetische und geometrische Progressionen. Zinseszins- und Renteurechnung. Häusliche Aufgaben und Extemporalien. 2 St. Der Direktor.

Geometrie. Vollendung der Stereometrie, Repetition der Planimetrie und Trigonometrie, Anfangsgründe der analytischen Geometrie. 3 St. Lindemann.

Projektionslehre. Darstellung von Oberflächen unter verschiedener Neigung gegen die Projektionsebenen und von Ebenen durch Spuren. Schnitte von Oberflächen und beliebigen durch Spuren gegebenen Ebenen; Schattenkonstruktion. 2 St. Prix.

Freihandzeichnen. (fakult.). Kombiniert mit Ha und Ia. 2 St. Rennger.

Singen. Chor. Dieses umfasst die besten Sänger aller Klassen und zählt 60 Schüler. Es wurden nach dem neuen Landeschoralbuch 40 Choräle vierstimmig, 20 Quartette in gemischtem und im Männerchor, 10 grössere Motetten aus dem Sängerhain II und III, den „frischen Liedern" von Erk und dem „Liederbuch", welche Kompositionen von Rink, Rolle, Hauptmann, Mendelssohn-Bartholdy, Händel, Klein, Maier, Wüllner u. s. w. enthalten, eingeübt und bei den Schulfeierlichkeiten oder im Museum allhier oder im Odeon zu Buchholz vorgetragen. Im S. 2, im W. 1 St. Ruhsam.

Turnen. Kombiniert mit Ha und Ia. 2 St. Rennger.

Klasse Ia. (Oberprima).

Klassenlehrer: Der Direktor.

Religion. Kirchengeschichte von der Reformation bis zur Gegenwart. Lektüre und Erklärung des Galaterbriefs. 2 St. Röselmüller.

Deutsch. a. Litteraturgeschichte von Herder bis zur Gegenwart. Repetition des früheren Pensums. b. Aufsätze. c. Freie Vorträge über Privatlektüre aus Göthe, Kleist und Herder. d. Abriss der Stilistik. e. Lektüre. Iphigenie i. Tauris. Tasso. Nathan. Kleinere Gedichte von Schiller. 3 St. Wildenhahn.

Lateinisch. a. Schriftliche Exerzitien und mündliche Übersetzungen aus Haacke. b. Lektüre. Cic. pro Archia. Liv. XXI und XXII teilweise. Vergil, Aen. II. 3 St. Schöne.

Französisch. a. Lektüre. Manuel: Abschnitte von Thiers, Ségur (le père), Lanfrey, Erokmann-Chatrian, Barante, Guizot, Voltaire, Mignet, Sarcey. Proben aus Molière, Bossuet, Boileau, La Bruyère, La Rochefaucauld, J. B. Rousseau, Fénelon, Mme. de Sévigné, J. J. Rousseau, Mme. de Staël, V. Hugo. — Privatim: Soustre, Au coin du feu. — In der Schule ganz gelesen: Bouilly, L'Abbé de l'Epée, und Picard, M. Musard.

b. Übersetzungen aus Gruner. e. Schluss der französischen Litteraturgeschichte. d. Freie französische Arbeiten. Exerzitia. Monatliche Repetitionen der Grammatik. Von jedem Schüler 2 freie Vorträge und 2 Deklamationen. Abschnitte aus dem Vokabular. 4 St. Wildenhahn.

Englisch. a. Grammatik. Repetition von Gesenius II in englischer Sprache. b. Lektüre. Bandow „Readings from Shakespeare" (Othello und Macbeth) und mehrere Kapitel aus: Sir Walter Scott „Quentin Durward." c. Schriftliche Arbeiten: Freie Arbeiten. Übersetzungen. Extemporalien. d. Abriss der englischen Litteraturgeschichte. Freie Vorträge. Memorieren aus der Phraseologie von Löwe. Synonymik nach Klöpper. Deklamation. 4 St. Lindemann.

Geographie. Kursus IV. a. Mathematische Geographie und Elemente der Astronomie. 1 St. Lindemann. b. Spezielle Geographie von Asien mit steter Vorzeichnung an der Wandtafel. Wiederholung der allgemeinen Geographie. Einzelne Kapitel aus der allgemeinen physikalischen Geographie. 1 St. Göpfert.

Geschichte. Sächsische Geschichte. Neue Geschichte nach Kursus III. Zusammenhängende Wiederholung der alten Geschichte. Memorieren von Geschichtstabellen. 2 St. Der Direktor.

Naturbeschreibung. Im S. Botanik. Repetition der Pflanzenphysiologie. Im W. Geologie. 1 St. Mohr.

Physik. Repetition der Mechanik. Mathematische Behandlung der Wellenlehre und Optik. Repetition von Kursus I und II. Lösung von Aufgaben. 2 St. Lindemann.

Chemie. Einleitung in die organische Chemie. Repetition. 2 St. Krause.

Algebra. Vollendung der Rentenrechnung. Lösung der Gleichungen 3. und 4. Grades. Kombinationslehre und binomischer Lehrsatz. 2 St. Der Direktor.

Geometrie. Analytische Geometrie. Linien 1. und 2. Grades. Methoden zur Bestimmung von Tangenten und Krümmungsmittelpunkten. Repetition. 2 St. Prix.

Projektionslehre. Erweiterung der früheren Pensa. Konstruktion von Durchdringungen von Oberflächen in zusammengesetzten Aufgaben. Elemente der Perspektive. 2 St. Prix.

Freihandzeichnen. (fakult.). Kombiniert mit IIa und IIb. Skizzieren nach der Natur; Federzeichnen nach Vorlagen. 2 St. Ronnger.

Singen. Wie Ib.

Turnen. Kombiniert mit IIa und Ib. Eisenstabübungen. Schwierigere Übungen an den Geräten. 2 St. Ronnger.

b. Progymnasium.

Klasse II. Klassenlehrer: Oberlehrer Dr. Krüger.

Lateinisch. Regelmässige und unregelmässige Formenlehre im Anschluss an das lateinische Lesebuch von Meurer I und II, sowie einzelne syntaktische Regeln aus Meurer II. Wöchentliche Spezimina und Extemporalia. Ausserdem nahm die Klasse an den Lektionen und Arbeiten der Realklasse VB teil. 4 St. Krüger.

Französisch. Plötz, Elementargrammatik § 1—60. 3 St. Wolf.

Klasse I. Klassenlehrer: Oberlehrer Dr. Schöne.

Lateinisch. Einübung der Syntax durch mündliche und schriftliche Übersetzungen (Ostermann für IV und III). Gelesen wurde Corn. Nep. grösstenteils. Hexameter und Pentameter, gelesen und memoriert. Repetition der Formenlehre. 9 St. Schöne.

Französisch. Plötz, Elementargrammatik bis zu Ende. Lektüre: Die Lesestücke in Plötz; Einübung der Verbes irr. 5 St. Schöne.

Geometrie. Planimetrie bis zur Kongruenz der Dreiecke inkl. 1 St. Leonhardt.

D. Schulanfang nach Ostern.

Die Unterrichtsstunden beginnen den 22. April früh 7 Uhr. Am Tage vorher findet die Prüfung der Aufzunehmenden im Erdgeschosse des Realschulgebäudes, Lehrzimmer Nr. 9, von vormittags 8 Uhr an statt.

Annaberg, den 15. März 1884.   Prof. Br. Berlet, Direktor.

Öffentliche Prüfungen.

Dienstag, den 1. April.
Vormittag.

Um 8 Uhr	--	Min.	Klasse VI.	Religion .	.	Ruhsam.
- 8	- 30	-	„ VI.	Geschichte	.	Bartsch.
- 9	- —	-	„ VI.	Latein .	.	Röselmüller.
- 9	- 30	-	„ VA.	Deutsch .	.	Bartsch.
- 10	- 10	-	„ VA.	Latein .	.	Wolf.
- 10	- 40	-	„ VB.	Französisch	.	Wildenhahn.
- 11	- 10	-	„ VB.	Zoologie .	.	Krause.
- 11	- 40	-	„	Singen	.	Ruhsam.

Nachmittag.

Um 3 Uhr	—	Min.	II. Prog.	Latein .	.	Krüger.
- 3	- 30	-	Klasse IV.	Rechnen		Prix.
- 4	- —	-	„ IV.	Zoologie		Mohr.
- 4	- 30	-	I. Prog.	Latein .		Schöne.

Mittwoch, den 2. April.
Vormittag.

Um 8 Uhr	—	Min.	Klasse IIa.	Religion	.	Röselmüller.
- 8	- 30	-	„ IIb.	Latein .	.	Guericke.
- 9	- —	-	„ IIb.	Algebra .	.	Prix.
- 9	- 30	-	„ IIb.	Geographie	.	Göpfert.
- 10	- 10	-	„ III.	Geschichte	.	Krüger.
- 10	- 40	-	„ III.	Französisch	.	Leonhardt.
- 11	- 10	-	„ III.	Geometrie	.	Mohr.

Nachmittag.

Um 3 Uhr	—	Min.	Klasse IIa.	Physik .	.	Krause.
- 3	- 30	-	„ IIa.	Englisch	.	Leonhardt.
- 4	- —	-	„ Ib.	Französisch	.	Wilden...
- 4	- 30	-	„ Ib.	Geometrie	.	Linden...
- 5	- —	-	Chor	.	.	Ruhsa...

Donnerstag, den 3. April.

Um 4 Uhr	—	Min.	Turnprüfung	.	.	Roanger.

Zeichnungen der Schüler liegen während der Prüfungen im Zeichensaale aus.